U0468658

智读汇

连接更多书与书，书与人，人与人。

精益沟通

胡刚 著

中华工商联合出版社

图书在版编目（CIP）数据

精益沟通 / 胡刚著 . —北京：中华工商联合出版社，2021.7
ISBN 978-7-5158-3050-6

Ⅰ . ①精… Ⅱ . ①胡… Ⅲ . ①人际关系学—通俗读物 Ⅳ . ① C912.11-49

中国版本图书馆 CIP 数据核字（2021）第 126735 号

精益沟通

作　　者：	胡　刚
出 品 人：	李　梁
责任编辑：	付德华　关山美
绘　　图：	唐光耀
装帧设计：	王桂花
责任审读：	于建廷
责任印制：	迈致红
出版发行：	中华工商联合出版社有限责任公司
印　　刷：	北京宝丰印刷有限公司
版　　次：	2021 年 10 月第 1 版
印　　次：	2021 年 10 月第 1 次印刷
开　　本：	880mm×1230mm　1/32
字　　数：	180 千字
印　　张：	8.5
书　　号：	ISBN 978-7-5158-3050-6
定　　价：	59.90 元

服务热线：010-58301130-0（前台）
销售热线：010-58301132（发行部）
　　　　　010-58302977（网络部）
　　　　　010-58302837（馆配部）
　　　　　010-58302813（团购部）
地址邮编：北京市西城区西环广场 A 座
　　　　　19-20 层，100044
http：//www.chgslcbs.cn
投稿热线：010-58302907（总编室）
投稿邮箱：1621239583@qq.com

工商联版图书
版权所有　侵权必究

凡本社图书出现印装质量问题，请与印务部联系。
联系电话：010-58302915

推荐序

约四年前，我第一次完整地听胡刚老师介绍了他的"4A沟通"课程（精益沟通课程的前身），就有一种找到沟通底层逻辑的感觉。

如果说原来所学的很多沟通技能，像是照着菜谱学烧菜，那《精益沟通》更像是教你了解食材加工、烹饪方式、装盘摆盘的基本之道，一旦掌握，就能无师自通地用家常菜的成本烧出满汉全席的结果。

为什么《精益沟通》会这么神奇？在我看来有三个原因：

首先，精益沟通的提出，一下子划清了冲动性沟通和影响性沟通的界限。也就首先把"沟通"中最大、最容易发生的浪费现象找了出来。根据我的观察，职场上起码有一多半的沟通属于冲动型沟通，人们时不时地就容易犯错。比如我作为讲师，常常担心学员不能理解新的概念，翻来覆去地解释；作为领导，常常担心讲师们看不清未来行业趋势，一遍遍强调；越是我在意的领域，我就变得越啰唆。有了这样的意识，我自然就开始改变自己的沟通习惯。

其次，4A模型的提出，像是建立了沟通这件事的底层操作系统。把精益沟通、影响性沟通这些概念落到了操作层面，尤其是把"评估"放在枢纽位置上的"双循环"结构，更是点睛传神。见过4A模型后，我每每再看到其他和沟通相关的课程时，就会发现其所教步骤无非就是4A结合具体场景的一种应用罢了，操作系统足够好，任何APP都能跑。

最后，沟通频道的提出，一下子创造了一种流行语。它让组织里的人们能够用最简单且不伤人的方式表达对沟通状态的判断，有助于双方共同快速调整。它就像魔法棒一般，把绘在纸上的"4A模型"变活了，变得有了生气，有了灵魂。

"秒进同频就是默契"，这就是我们追求的最精益的沟通。

睿邻领导力产品总监

陈毅歆

自　序

　　人与人之间，只要存在差异就会有沟通问题。很多差异是无法消除的，沟通问题怎么解决？2004年的一天，我终于领悟到通过同频道沟通，就能解决大部分人与人之间的沟通问题。我尝试把这种方法教授给数家企业的干部和员工，广受好评，从此走上了沟通培训师的道路。这十多年来，我一直专注于沟通研究与培训，至今已经给超过500家企事业单位进行了培训。

　　2012年，在经过了数年积累后，在同频道沟通的基础上，整理出4A沟通循环，使得沟通问题的解决，有了更系统的方法。

　　2017年，与我的好朋友，睿邻领导力的产品总监陈毅歆老师携手，共同研发了精益沟通。沟通课题不再只是个人的话题，更是组织层面的话题。

　　为什么很多企业都上过沟通技巧的课程，但问题没有解决？因为沟通不只是一个技巧的问题。在组织中一方的沟通行为，会激起另一方的反应，"套路"会激发"反套路"，大家都用技巧沟通，就内卷了。

　　如果你是团队的领导，你的团队已经接受过沟通技巧的培训，但是沟通问题仍然没有解决，你可以来看看精益沟通。精益沟通将站在组织和系统的角度，帮助你的团队以更低的沟通成本，获取更高的沟通效益。

如果你是职场新人，精益沟通将有助于你了解沟通的底层逻辑，掌握适应组织需求的最佳沟通策略和方法。越早接触精益沟通，越少走弯路。未来在你学习其他沟通课程的时候，也更容易做到融会贯通。

如果你是专业人士，精益沟通将帮助你以最低的沟通成本，跨越专业障碍，与"外行"精准沟通无障碍。

《精益沟通》这本书是团队协作的成果。睿邻领导力的王晓佳老师和牛志峰老师，也是精益沟通理论的共同奠基人。他们用经验和知识积累，为本书提供了丰富的案例和工具。希望这本书能带给你价值。

胡刚

目录 Contents

第一章 什么是"精益沟通" 1
沟通的成本和效益 3
衡量沟通有效性的标准 8
影响性沟通和冲动性沟通 11
站在组织的角度看沟通 16

第二章 解决沟通问题的万能钥匙
　　　　——4A 同频道沟通 19
沟通的目的 21
提高有效性 31
沟通频道差异 35
4A 沟通循环——重塑沟通的系统认知 52

第三章　读懂对方
——帮你开启沟通中的核心技能　55
理解的力量——理解是影响对方的基础　57
导致误解的陷阱——为什么懂你的人这么少　64
听到不等于读懂——如何读懂他人　85

第四章　精益表达
——表达的影响力与感染力　97
什么是出色的表达　99
表达的弹性　105
表达节奏的控制　118
表达效果的评估　135
反馈保证质量——真的懂了　139

第五章　精益共识沟通
——分分钟心服口服　147
说服和共识的差别　149
共识沟通中的推力和拉力
——让固执的人改变想法　155
三句话说服　172

第六章　冲突与情绪处理
——人类是情绪易燃体　183

遭遇情绪冲突
——对方强势又不讲理，我该怎么应对　185

情绪处理的方法——哄人八法　194

直面冲突坚持原则
——应对"一哭二闹三上吊"　215

第七章　持续改善的精益沟通
——沟通是人生的必修课　225

关键习惯（19项沟通好习惯）　227

持续改善的工具
——解决沟通困境的N把武器　234

共同参与　248

附　录　257

第一章

什么是"精益沟通"

精益沟通的目的就是帮助企业和个人不断提升沟通的有效性。简单地说，就是选择对的人、对的话题，并且用最低的成本达成沟通目的。

沟通的效率，由两个因素决定：第一，沟通后，带给我们什么样的效益？第二，沟通所耗费的成本。在同等成本下，效益越高，意味着沟通效率越高；或者取得同样的沟通效益，成本越低，沟通的效率也越高。

那么如何提升效益，降低成本，甚至在降低成本的同时提升效益呢？精益沟通，带给大家关于沟通的系统认知，从两个部分着手：第一，就是通过建立精益的价值判断，帮助大家做选择，选择和对的人沟通、选择对的话题、合适的场景、对的时间，发生沟通；第二，掌握系统方法，并且通过有意识的练习形成习惯，让精益沟通成为你的一种特征。

沟通的成本和效益

沟通是需要耗费成本的,这当中包含了时间成本和空间成本。

时间成本

几个人参加了沟通,所有参加者的时间成本的总和,就是这一次沟通的时间成本。管理者有 70% 以上的时间在沟通。面谈、电话、会议、视频会议都需要耗费时间。这些时间如何分配?

时间是有机会成本的。找小刘谈一件事,就不能找小张谈另一件事情了。因为有些话题适合跟小刘聊,但不适合跟小张聊。所以在沟通之前,选择合适的沟通对象非常重要。

有些人并不值得我们花太多时间去跟他沟通。比如短期之内,你并没有做理财的计划,但是,有人打电话过来,向你推销理财产品的时候,你就没有必要跟他讨论:"你们公司提供的理财产品设计得不合理啊。"

时间应该花在重要的对象上:家人、同事、供应商、客户。有些人很重要,但是,由于之前的沟通效果不好,所以对下一次沟通能奏效缺乏信心，我们就会回避和他们的沟通；另一些人并不重要，但是之前和他们的沟通体验不错，你反而会在他们身上浪费不少时间。

空间成本

空间成本包含两部分。一是交通成本，如果参与沟通的各方来自不同的地方，为了开会，要来到同一个地点，所有人的交通差旅费用以及交通所耗费的时间，都是空间成本。二是场所，会场、会议室、咖啡吧等这些地方，也都是需要耗费成本的。

现代通信技术让我们有机会通过远程会谈来沟通，这可以大大降低空间成本。远程会谈和面对面的沟通有哪些差别呢？如何让远程会谈更有效？

沟通的效益

既然沟通耗费的成本那么高，那么花钱来干吗呢？有意思的是人们常常花钱沟通来"买罪"。也就是花了很多时间，沟通完了，不仅没有达到期望的效果，还制造了不愉快，不如不沟通，这就是花钱买罪受。

所以，精益沟通首先要解决的是"要不要谈""谈什么"的问题，其次才是怎样把事情谈好。

沟通的效益是什么？你通过沟通获得了什么？

第一，沟通可以交流信息，拓展知识面。

第二，人和人之间的沟通可以排遣寂寞增进感情，带来快乐。

第三，沟通还可以让人有成就感。通过沟通教会别人做事，影响和改变别人的行为，赢得别人的认可，让人获得满足。

第四，通过沟通交流看法，交换意见，找到方法，解决问题。

每个人对沟通效益的诉求是不一样的，很难让所有人都得到满足。当每个人都带着自己的诉求参与到沟通的互动中，就会产生很多不同的结果。

当沟通双方出现不同观点时，都想获得别人的认可。为了证明自己是对的，他们就会试图否定对方的观点。当自己的观点遭遇攻击时，又会努力捍卫。这导致双方沟通发生冲突。人们在面对冲突时，会采取不同的沟通行为方式。

自私。为了获得成就感，有人会通过指责和贬低对方，来抬高自己。这会带来人际间的不愉快和冲突。指责、贬低、诽谤、辱骂这些只顾自己的感受，不顾对方的感受的做法，是沟通中的自私行为。

退让。有时候为了维护好人际关系，有人会照顾对方的感受，暂时放弃自己的诉求。具体表现为两种行为："退""让"。"退"，实力明显弱于对方，或者情况对本方很不利，为了避免冲突的发生，选择退却躲避。"让"，实力并不弱于对方，或者情况对本方并非不利，但不想让对方难堪，选择避开冲突。"退"是被动的，是无奈的；"让"是主动的，是谦逊的。

双输。通常有自私行为的一方会获得暂时的满足，而退让的一方显然是不满意。不满意的一方会试图改变，尤其是当局势变得对退让的一方更有利时，他们有大概率发起反击。原来自私一方的满意效果也会不复存在。甚至最后的结果让双方都不满意，这就是双输。双输的冲突，沟通的成本高，效益差。尤其是双方势均力敌的时候，双输的成本更高。在人际关系中，经常出现双输的局面对沟通双方而言都是痛苦的，长期维持的成本很高。弱势的一方时常被折磨。而强势的一方也要经常面对两种风险：一是被挑战的风险，只要形势变得对弱势的一方有利，他们就会发起挑战；二是关系破裂的风险，当弱势的一方始终无法改变局面，就会选择结束关系，关系破裂本身也是一种双输。某互联网公司的老板脾气很不好，他批评下属的时候，经常当着很多人的面把话说得很难听。下属能够忍受他，是因为老板开了不错的工资。但是当行业竞争变得越来越激烈时，竞争对手开出了更高的薪水，员工们就纷纷跳槽了。之前，他们会选择留下来，是因为薪水还不错，忍了。员工的突然离职，让老板措手不及。找新人、重新培养、磨合，费时费力。这期间竞争对手抢走了不小的市场份额。终于新人接上了，但老板喜欢当众骂人的脾气一直没改，没多久，新培养的人也离职了。当老板在抱怨员工"翅膀硬了就忘恩负义"时，是否应该反省一下自己呢？他为自己的糟糕的沟通习惯，承担高额的成本。

双赢。在一次沟通中，让双方都能达成自己的目的，获得想要的效益，这才是一个双赢。从长远角度看，双赢是成本更低，效益更高的沟通。因为双方都满意时，都不倾向于做出改变，这种沟通的模式就会长期保留下来。长期合作的沟通双方,选择双赢沟通是最明智的。

衡量沟通有效性的标准

那么有没有一个标准,来区分好的沟通和糟糕的沟通呢?答案是肯定的。

沟通中我们常常会听到这样的抱怨:"这件事我不是跟你说过了吗?""我上次的课不是讲得很清楚吗?"他在暗示什么?他在暗示:"我说了,你没听到,那不是我的责任。"

衡量一次沟通的效果,到底应该站在发出方的角度还是接收方的角度呢?发了,对方没收到,这个沟通有效吗?只要接收方没有收到,那么沟通就是无效的。所以你说没说不重要,重要的是对方有没有听到;你说了什么不重要,关键是对方理解成了什么才重要。衡量沟通的效果,要站在接收方的角度。但凡在接收方产生了期待的效果的沟通,就是有效的沟通;不管用了什么样的方法、做了多大的努力,只要在接收者那里无法达成期待的效果的沟通,就是无效的沟通。

但是,人和人是不一样的。仁者见仁,智者见智。同一句话,每个人的理解和感受都是不一样的。这就意味着,当我们面对不同的个体时,即便我们用同样的方式去沟通,得到的结果仍然不一样。那如果我们想要得到理想的结果,就必须针对不同的个体,用不同的方式方法去沟通。一句话,有效的沟通必须以评估接收方为前提。

接收者的接受度,对于沟通的效果,有着非常直接的影响。我们头脑里有个想法,要把它表达出来,让对方听到、接受、理解、愿意做,就必须考虑影响对方接受度的一系列的因素。

首先,他是否愿意听?其次,他是否听得懂?至于如何评估接受度,在表达的章节里,我们将做更详细的探讨。先来谈一个典型的不考虑接受度带来的沟通失败的场景——忠言逆耳。

"忠言逆耳利于行,良药苦口利于病。"但是,忠言一定要逆耳吗?非常逆耳的忠言,在说出去之前,就可以预判对方根本听不进去,这样的忠言,还有必要说吗?我们站在发出方和接收方的角度看,会看到截然不同的结果。站在发出方的角度,理直气壮:"我提的是忠言,我的动机是善良的。既然动机是善良的,即便对方没有听进去,我还是在做一件善良的事情。"但是站在接收方的角度,情况完全不是这样。逆耳的"忠言",接收方的情绪是非常抵触的,听不进去就不会产生什么效益。不仅没有效益,逆耳的"忠言",还让接收方的心情变得糟糕,甚至会影响双方之间的关系。所谓的逆耳忠言,根本就不应该发生。

但为什么在现实世界里,"忠言逆耳"的现象会经常发生呢?从心理学的角度来看,所谓的逆耳忠言,真正的受益方是表达方。通过给予对方所谓的逆耳忠言,会让表达方获得一种控制感。"我是对的,你是错的,你得听我的。"这种控制感,会带给表达方心理上的愉悦感。所以实际上，是把自己的快乐建立在接收方的痛苦之上。"不吐不快，吐了，我快乐你不快乐，你还不能指责我，因为我说的是忠言。"

忠言本身不是错，逆耳是错。良药未必苦口，忠言何必逆耳。考虑到接收者的接受度，就要用对方能够听进去的方式说出来。对方接受了，才是真正精益的沟通。

通过评估接收方产生的沟通效果，就可以把沟通区分为影响性沟通和冲动性沟通。

影响性沟通和冲动性沟通

站在接收方的角度评估沟通效果，如果沟通的结果，有助于目的达成，或者距离设定的沟通目标更接近了，这就是影响性沟通。反之，如果沟通完了，结果无助于效益的产生，或无法接近沟通目标，这就被称为冲动性沟通。

某领导找某位下属谈话，谈的时候下属一直在点头。谈完了领导感觉很好，他说："你看，今天我把下属小张好好地教育了一番，他一直在点头，说明他都听进去了，所以我的沟通目的达成了，效果很好。"但是我们去采访小张的时候，小张却说了："领导那些话已经讲了很多遍了，不听他会骂我更久。我假装认真在听，很快就完了。其实，道理我都懂，但是我就是不想改。"那么这次沟通成功吗？很显然领导的沟通目的并没有达到，他要的是小张发生改变而并不只是感觉好。

冲动性沟通要的就是感觉好，而影响性沟通要的是结果的达成。在这个案例里，领导的沟通目标并没有达成，这是冲动性沟通。

冲动性沟通

沟通没有明确的目的,只是一吐为快,这就是冲动性沟通。

人在哪两种情况下特别想沟通呢?第一种,感觉特别好的时候。说话的人要"分享",但是听话的人感受到的,常常是"炫耀"。第二种,感觉特别不好的时候。人们要吐槽、要发泄。

典型的冲动性沟通的场景:

屡教不改

对于下属或者家里的孩子犯的错误,作为管理者或者家长,经常批评,但是结果却是屡教不改。每当批评、指教别人的时候,人有一种控制感和成就感,这会让表达方很爽;但接收方没听进去,还影响心情。沟通的结果是"不改",没有效益;而沟通的成本是"屡教",成本很高。这就是冲动性沟通。

误伤群众

会议中,某位下属犯了一个错误,让领导非常不满。虽然这个错误只有这位下属有可能会犯,但是领导心情不好,就在会场当中,当着所有人的面,对这位下属做了很长时间的批评。耗费的时间是所有员工的时间。会议中的其他员工本来就不会犯这样的错误,这段时间对他们来讲没有任何效益,过程还很难熬。而当着这么多人的面被批评,被批评的下属也会觉得特别没面子,能听进去多少,也未可知。甚至批评完了,他恼羞成怒,最终选择愤然离职。领导的这种行为，也是典型的冲动性沟通。

翻旧账

心情不好的时候，对对方过去的错误翻旧账。上个月的、去年的、前年的、五年前、十年前的，一笔一笔翻出来。但是翻旧账这件事情本身，并不会让将来的"新账"不会发生。

炫耀和显摆

"想当年我如何英明神武！"有些老年人喜欢怀念过去，因为过去的时光是辉煌的，尤其当眼下的现实非常失落的时候。如果只是自己怀念，那是无害的。不顾身边的人是否有兴趣，一定要带着周围的人和他一起回忆当年，那就是在绑架大家的时间了。

在自己的专业领域里滔滔不绝。一旦进入自己的专业领域，让表达者显得高大。而且如果不把自己头脑里的那些专业概念讲完整，还会不爽，这时候已经不管对方是不是听得懂，也不管提供的这些知识对对方是否有价值，只要能够让自己完整地说出来，就会很有成就感。说完了，对方既没有听懂，也没有记住任何有价值的信息，这也是冲动性沟通。

冲动性的沟通并不总是表现得很激烈，有些看似温和的沟通，其实也属于冲动性沟通。人有一种想要教训别人的冲动，这会让人获得控制感。看到别人做事的方式，跟自己预期的不一样，人们常常觉得自己可以做得更好。"你应该这样，不应该那样！"看起来好像是在给予建议，在教别人。但是如果对方并不认为自己的方式有什么不对，反而心生抵触，根本听不进任何建议。这些所谓的"建议"也属于冲动性沟通。它们带着善意的伪装，但事实上只是把自己的操控感，建立在对方的挫败感、屈辱感之上，是自私行为。

影响性沟通

如果沟通的目的是解决问题、增加效益，那这样的沟通，才是影响性沟通。影响性沟通有两个要素。第一，要有明确的目的和目标。在沟通前和沟通中就应该非常清晰地知道，沟通完了要有什么样的结果、达成什么样的效果；第二，为了让沟通的目的能够达成，必须考虑接收方的感受和需求。

影响性沟通，首先要有非常明确的目的和目标。沟通后，会发生一些改变，会产生一些结果，所以当我们清晰地看到了自己的目的和目标以后，就能够针对这些目的和目标，选择合适的沟通策略和方法。

精益沟通首先是做选择。我到底要什么？我希望达到什么样的目的？一个人，如果没有办法清晰地意识到自己的目的，就会跟着感觉、情绪走。但是感觉和情绪是短视的。情绪发源于原始的动物，只能着眼于眼前的利益、问题和冲突，却看不到长远的利益和价值。所以，跟着情绪走的冲动性沟通，容易引发冲突，甚至导致高成本、低效益的恶性循环。看清楚自己的目的以后，我们才有机会，针对自己的目的，选择合理的沟通路径去解决问题。

一方面，看清楚自己的目的；另一方面，看清楚对方的立场感受，在这两者之间找到一条双赢的沟通路径就是精益沟通。

在第二章里，将详细地阐述沟通的各层次目的及其相互之间的关联。

站在组织的角度看沟通

为什么组织需要沟通，组织需要通过沟通来达成三类目的。第一，协同。在组织内部信息有效地传递，使得各个部门能够协同运作。第二，激励。虽然从总体看，组织内的个体与组织的利益是一致的，但是，每个个体都有自己不同的需求。由于地位和立场的不同，不同部门不同层级的利益诉求都不同。组织需要通过沟通来协调所有个体的诉求，以形成推动组织高效运转的合力。第三，应变。现代组织的内外部环境处于持续的变化中，当变化大到一定程度就会出现新的挑战和机会，原有的组织运作方式不能适应。如何通过有效的信息互通，把某个部门感知到的变化信息传递到其他部门？应对变化的最佳策略是什么？如何通过沟通协调所有部门形成新的共识？

个体沟通能力的提升，对于达成上述组织沟通目的，会有帮助，但远远不够。为了保证组织沟通的顺畅，处理提升员工的个人沟通能力，还需要建立共同沟通规则，形成共同的沟通语言。

第一章
什么是"精益沟通"

组织的沟通规则

在公共道路上开车,就必须遵守交通规则。即便是专业的赛车手,违反交通规则驾驶,也会给自己和其他司机带来威胁。在组织中沟通,不管个人能力多强,也要遵守组织的沟通规则。不论是参与到哪种沟通场景中,都要遵守组织的沟通规则。会议需要规则、E-mail 需要规则,一对一的面谈、在线沟通也需要规则。举个简单的例子,遵守秩序依次发言就是会议沟通的基本规则。如果与会者之间缺乏基本的尊重,每个人都随意打断别人发表自己的意见,会场就只剩下一片争吵声,再好的口才也不起作用了。沟通规则是组织精益沟通的第一要素。本书中,我们将提出七项核心的组织沟通规则供您参考。

个人沟通习惯

当遵守规则成为一种习惯,组织内部的沟通就能减少很多不必要的内耗。除了大家共同遵守的规则外,个人沟通的习惯是组织精益沟通的第二要素。

和规则不同的是,规则既能"责己",也能"责人";习惯主要是"责己"。规则需要大家共同遵守,你可以用规则约束自己,也可以用规则约束别人。而习惯是个人问题。你可以要求参与会议的人互相尊重,不打断别人的发言,这是规则;但是你不能要求别人"换位思考",这是个人习惯。自己不换位思考,却要求对方换位思考，无效且滑稽。良好的个人沟通习惯，不仅有助于你更精益地达成沟通目的，也会让沟通对象感觉舒适，让你成为一个更有影响力、更受欢迎的人。换位思考让我们获得"知己知彼"的信息权。懂对方了，用对方乐意接受的方式影响对方，既解决了我们的问题，又让对方心悦诚服。类似这样的沟通好习惯，本质上源于为人处世的智慧。

一旦养成习惯，沟通就变得非常自然，不刻意。你不需要耗费额外的心力，就能让沟通变得更精益。本书中，我们也将提示19项利人利己的沟通习惯供您参考。

沟通技巧

沟通技巧也可以省时省力，但是每一项沟通技巧都有其特定的适用场景。因此沟通技巧的应用，也要基于精益沟通的底层框架，需要照顾接收者的感受，需要考虑彼此互动带来的长期效果。

有些"投机取巧"式的沟通技巧照顾了眼前的利益，却为未来的沟通埋下隐患。有"套路"，就会有"反套路"。本书中，并没有重点刻画这些"投机取巧"式的沟通技巧，原因有两点：第一，本书中的主要沟通场景是组织中的沟通，而组织中的人际关系多是长期协作关系，因此双赢、互信的沟通关系实质上更精益；第二，沟通是一辈子的修炼，不急于一时。更何况其实精益沟通中的4A循环技术也能够解决眼前绝大部分的沟通问题。

第二章

解决沟通问题的万能钥匙
——4A 同频道沟通

沟通困境1：言多必失，经常说不该说的话，怎么办？

沟通困境2：说服对方耗时太多，沟通成本太高怎么办？

沟通困境3：怎样沟通，不用唠叨也能让对方听进去？

沟通困境4：表达不同意见容易伤感情，忍着不说又不能解决问题，"鱼"和"熊掌"如何兼得？

沟通困境5：信息缺失容易导致误解，说多了别人还嫌弃我啰唆，怎么办？

沟通困境6：怎么样让彼此逐步形成默契？

沟通的目的

第一章我们讲到了冲动性沟通,它与影响性沟通主要的差异在于,沟通目的目标是否明确,沟通中是否考虑对方的情况和感受。对沟通目的的充分思考,是有助于我们减少冲动性沟通,增加影响性沟通的。

影响性沟通的第一步,得有一个明确的目标。

我为什么要沟通?首先来看看在沟通中我们一般会有什么样的目的,这些目的背后又存在什么样的挑战呢?

信息传递

沟通的第一个目的是信息传递。

人们用眼睛耳朵观察世界,获取信息,更多的信息来源是从他处获取。信息帮助我们把古人的经验代代传承下来,在物种生存竞争中胜出。

信息传递看似简单,但也存在两个方面的挑战:

一个挑战是在传递信息的过程中很难不被他人误解,说多了,说少了，不说，都容易引起误会，这就意味着信息传递的质量不合格；另一个挑战是内行与外行沟通，怎么说才能让一个外行人接收到自己的信息？第四章我们将解决这个问题。

交流情感

沟通的第二个目的是交流情感。

人类是感情丰富的群居动物，有分享情绪的欲望。如果对方表现出与我们相似或相应的情绪，我们就会感觉到共鸣而产生愉悦感。

别以为交流情感简单，人们往往找不到合适的方式表达情感，或者表达的情感被他人误解，反而达不到交流情感的目的。

父母常跟我们说："要注意按时吃饭，早点睡觉……"其实父母想表达关爱和关心，但有些儿女就会误解为父母管控自己，从而产生抵抗情绪。

后面的内容我们将逐步解析，在沟通中交流情感的重要性。

促成改变

沟通的第三个目的是促成改变。

人类作为一种社会动物，如果需要通过他人达成自己的意愿时，就会出现矛盾甚至冲突。所以想要在沟通时双方达成共识，就必须以一方或双方改变为前提条件。

促成改变在沟通中是最难的，我们总是想要改变别人的想法、做法。一旦意见不一致，要么双方固执己见，要么一方被迫妥协后达成一个虚假共识，结果就不言而喻了。我们会在第五章讨论这个问题。

知道自己要什么，才能守住初心

为什么沟通前必须明确目标呢？

如果忘了自己要什么，如同人忘了自己的初心，就算付出了很多努力，也可能与目标南辕北辙。

> 一个小伙子约女友看电影，女友迟到半小时，小伙子开始因为迟到而与女友争执，争执的焦点在于女友迟到就是女友不对。争执到最后，那姑娘说："好，我承认我这个人没有时间观念了，你这么守时的人遇到我这么没有时间观念的人，你得多痛苦，我们还是分了吧！"

小伙子约女朋友看电影，他的目的是交流情感。沟通的结果却是促使改变，女朋友变成了前女友。如果小伙子守住了目的，一定还有其他方式方法与女友交流情感，也不至于落得分手的地步。

工作中同样如此。

研发部门的小马找到产品测试部门的小刘了解新产品测试的信息数据，小刘将数据一一说明。当小马听到某项数据指标与之前预测值差距很大时，就询问小刘测试环节中是否按照标准流程操作了，小刘感受到了质疑，于是开始指责小马对产品数据预测不准，小马听到这样的指责很生气，于是开始辩解，并责怪小刘在测试环节中不按标准操作，才会出现较大误差。最终双方不欢而散……

小马最开始的目的是传递信息，但一句询问引起了争执，双方最后的目的变成了促成改变，让对方承认自己是对的。远离最初的目的，结果往往不理想。

沟通目的之间的关联

守住初心之后，再看这三个目的之间的关联。

首先，信息传递是一切的基础，无论是情感交流还是促进改变，都是以信息传递为基础的。

中国人交流情感的方式比较委婉，我们很少对亲密的人说我爱你，但我们会选择一种非常温和的方式表达关心。

妈妈："最近天气有点凉了啊……"

（你要多穿点，保重身体，我在为你的健康担心）

孩子:"好的,我会注意的,你也记得多穿点。"

这是一次顺利的情感互动和交流,即使没说我爱你,在这些信息传递的过程当中,情感的暖流也已经形成了一次循环。

工作中的情感交流有助于建立信任感,减少不必要的误解,降低沟通成本。信任感还会让我们更愿意站在对方的立场思考问题,减少敌对和冲突。

想要促成改变也是如此,传递信息依然是基础,这是影响他人的依据。

想要改变别人的想法,必须要摆事实讲道理,沟通就是论证的过程。

此外,情感交流对于促成改变,也会有非常重要的作用。

两个人之间有良好的信任关系,就会主动理解、配合对方。双方站在同一立场、同一角度思考问题,达成共识就会变得容易。但如果彼此的情感是不信任的,甚至是对立的,大家都会固守自己的立场和利益,达成共识的成本大幅增加。

所以想要促成他人改变,信息传递和情感交流就是台阶。没有信息传递,没有有效的情感交流,单纯想要促成改变,这如同建空中楼阁,越努力越容易坍塌。当我们看清楚沟通目的之间的关联,沟通就降本增效。

想要有效地传递信息,有了双方通过交流情感带来的信任,还有对信息的有效共识,信息传递的效果最理想。可见,三个目的互为台阶。

三位一体，不可或缺

既然三个目的互为阶梯，如果忽略了其中一个环节会怎样？

小王找跨部门的同事协商项目的中间环节，几次沟通下来都没进展，因为每个部门都有各自的立场。

小王沟通的目的是信息传递和促成改变，缺少了情感交流，结果自然不够理想。当我们和同事之间没有建立起足够的信任感，我们传递的信息，站在对方的角度容易被曲解或被忽略，结果信息就被打了折扣。

所以三个目的如果有缺失，很可能就是他们沟通的问题。把这个环节补上了，沟通效果一定会得到改善。

前不久，小王的朋友小张调到了那个部门，小王直接找到小张，几分钟就达成了一致。

小王和小张有了基础的信任，双方都能站在彼此的角度倾听和分析所有信息，并能够协商出符合彼此部门利益的共识方案。

所以情感的交流能够建立信任感，让彼此的信息不打折，相互之间的换位思考更容易，最终更容易达成共识。

以终为始

另外，从时间跨度来看，沟通的目的还能分为短期、中期、长期。

管理干部辅导新下属，希望新下属能够尽快胜任工作。

沟通目的就可以分为三个层次：

第一个层次，帮助他解决眼下的问题（短期）；

第二个层次，给他一些方法，让他以后遇到这类问题，他自己会解决（中期）；

第三个层次，激励他，让他形成强烈的沟通意愿，并且遇到问题后会自动自发地想方法去解决创造性的工作（长期）。

这三类目的虽然总体上是一致的，但思考的先后顺序不同，沟通的效果也会产生很大的差异。

如果我们把沟通目的设在短期，暂时看眼前，很多管理干部就会直接告诉对方，你该怎么做，甚至是亲自把这个问题解决了。结果是，每当遇到问题，这个员工就需要你现场救火，员工有挫败感，久而久之，没有了工作动力，这跟我们的长期目标是相违背的。

所以，在我们设定沟通目标的时候，正确的逻辑是先看远期，再看中期，最后再看眼前。基于远期目标再回头看看眼下，就能够很明确自己该做什么或者不该做什么。

想要进行影响性沟通，第二步，需要试着站在接收者的立场上评估。

会带来好结果吗？

能达到我的期望吗？

在我们制定沟通的策略时，沟通的目的是我们最终想要达成的结果，是终点。评估是让我们定位起点。有了起点和终点，才能帮助我们形成目标达成的路径。

小马约会女友，目的是交流情感，长远目的是希望女友成为终身伴侣，评估对女友现阶段的了解还不足，所以目标达成的路径应该是，通过传递信息了解女友的家庭、工作环境，并对彼此价值观进行磨合，促成相互的改变，才能实现最终的目的。

除了评估沟通对象的相关背景信息，如文化背景、立场、学历、经历等，还要评估什么？

沟通对象当下的情绪、想法、观点也是我们需要评估的内容。

女友今天的心情好不好？她是否也有与我长期发展的想法？

如果女友今天的心情不好，那么本次约会目的达成的路径就要稍做调整，通过传递一些轻松的信息，促成心情的转变，达到交流情感的目的。

所以，评估还有一个重要的作用，对沟通目的的反馈。这就形成了一个闭环。

▶ 沟通困境 1

言多必失，经常说不该说的话，怎么办？

破解之道：建立思考循环。

思考循环

有了以上两步,我们就有了精益沟通的第一个循环,叫思考循环。

先问一问自己关于沟通的目标(Aim):

- 我为什么要沟通?
- 通过这次沟通我期望达到怎样的效果?

然后试着站在接收者的立场上评估(Assess)一下:

- 会带来好结果吗?
- 能达到我的期望吗?

如果评估发现,结果是没效果,还容易引发冲突,这样减分的沟通,不如不发生。

除此之外,还有一类看似不加分的沟通,我们要不要让它发生呢?

妈妈看见孩子在家光脚踩地,就会说:"把鞋穿上,地上凉。"一次两次孩子还能听话地穿上鞋子,不一会又光脚到处跑了。这个时候妈妈依然说:"穿鞋啊!"孩子只会"哦"一声,但依然不穿鞋。时间长了,妈妈再叫他穿鞋，孩子连回应都没有了，鞋子更是不知道塞到哪个角落找不到了。

孩子刚开始是愿意听话穿鞋的，一时还没形成习惯。当下次忘记穿鞋的时候，妈妈叮嘱后，孩子发现不穿鞋也不会有什么后果，反复几次，孩子就会忽略妈妈这句话。妈妈的沟通影响力就是这样丧失掉的。

这些看似无害的沟通，其实是一种冲动性沟通，它正在不知不觉中消磨我们的沟通影响力。别以为不加分的沟通就放任它发生，当你的沟通影响力消失殆尽，就很难再重建了。

通过思考循环，我们不但能够产生达成目的的路径，还能反推我们的目的是否合理，更能够帮助我们区分出哪些是冲动性沟通，把那些引发冲突的、无效的、结果更差的沟通去掉，从而维护我们的沟通影响力。

精益沟通是对沟通的持续改善，这其中，思考循环就在帮助我们选择，该发生什么样的沟通。我们既要清楚自己的目的目标，也要评估对方的接受度。去掉那些没明确目的，或者沟通完效果也不好的无效沟通，我们就是在节省沟通成本。

如果说思考循环是在帮助我们决定"谈什么"，那么执行循环，就是帮助我们进一步来探讨"怎么谈"，如何在沟通的过程当中，进一步降低成本，提升效益。

提高有效性

有了思考循环,我们的沟通效果一定好吗?

中国古人说"忠言逆耳,良药苦口"。

良药一定要苦口吗?裹上了糖衣吃药不是更轻松吗?

忠言一定要逆耳吗?照顾到对方的感受,对方不是更容易接受吗?

虽然表达的初衷是出于对对方好,如果对方听不进去,还产生了反感的情绪,沟通效果和初衷相反,这其实是冲动性沟通。

还有一个有意思的成语叫"苦口婆心",父母对子女,老师对学生,领导对下属,为了让对方心服口服,用得最多的方式,就是苦口婆心地劝说。这种沟通方式的成本特别高,人们最终选择放弃沟通,而使用更为耗费成本的明争暗斗去解决问题。

要解决这些沟通问题,就要做好沟通的执行循环。

> **▶ 沟通困境 2**
>
> 说服对方耗时太多，沟通成本太高，怎么办？
> 破解之道：通过执行循环砍掉不必要的沟通成本。

沟通的执行循环

● 尝试（Attempt）：沟通通常不是一蹴而就的，需要经过若干次的尝试。

● 评估（Assess）：尝试后，要站在接收者的角度评估效果。

别小看尝试和评估，我们通过一个例子来看看，如何正确地使用他们。

新员工小白来向老张请教一个专业问题，老张把这个问题的解决方法从头到尾解释一遍（尝试），然后问小白明白了没（评估），小白表示没明白。

于是老张又耐心地解释了第二遍（尝试），问他是否听明白（评估）？小白依旧摇头。

老张无奈地解释了第三遍（尝试），再询问小白是否懂了（评估），小白挤出一个勉强的笑容，说："我大致明白了，回头我再去查查相关资料。"

第二章
解决沟通问题的万能钥匙——4A 同频道沟通

老张三次的尝试和评估,小白依然没有听懂,成本浪费了,效果却很差。

老张的尝试和评估出了什么问题呢?我们换一种方式试试。

老张给小白解释第一遍(尝试),问小白明白了吗(评估)?小白表示不明白。

老张问:"你哪里不明白?"(评估)

小白说:"A、B 我明白,到 C 我就不明白了。"

沟通的效果不应当只有 0 或者 1,0 ~ 1 之间肯定存在中间状态。

老张在第一次尝试以后不仅仅评估的是沟通结果,还在评估 0 ~ 1 之间的中间状态。评估下来,小白果然只明白了前面的 0.5,而这样的评估让老张更加准确地判断第二次沟通的起点。

老张从 C 开始,换一种方式解释到最后(尝试),再问小白明白了吗(评估)?

小白说:"C 我也明白了,但是 D 我没明白。"

老张将 D 再换一种方式解释了一遍(尝试),再问小白(评估),小白微笑地说:"这下我明白了!"

尝试和评估的新方式中,沟通成本比之前完整地讲三遍大大降低,且沟通的效果更好。

结合评估后的尝试,评估效果好,则继续尝试向前推进;评估效果不好,则视具体情况来改变沟通的目标、方式、场合等(如图 2-1 所示)。评估,为下一次的尝试提供改进的可能。

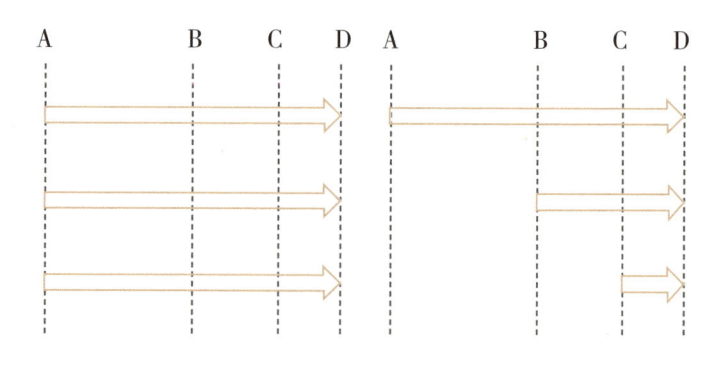

图 2-1　执行循环

每一次顺利的执行循环都让沟通向前推进一步,循序渐进地达成沟通目标。只要我们开始关注接收者,不断地评估,就可以不断地改善我们的沟通。

不仅仅是信息传递,情感交流、共识沟通也是如此。

两个人之间的意见不同,通常都不是百分之百不同,有相当大的一部分双方的意见是一致的。但是,当人们把目光放在差异上,并且把差异不断放大,最终就会造成一种根本无法达成共识的错觉。

不妨先着眼在意见一致的地方,逐步累积共识,达成一致。

每找到一个共同点,分歧就在减少。在剩下的分歧中,继续用放大镜找共识,到最后就会发现分歧越来越小,最后达成共识了。

沟通频道差异

即使我们学会了思考循环,减少了不必要发生的沟通,也使用了执行循环,努力降本增效地保证沟通质量,但总有一些问题是无法达成共识的。

沟通差异

沟通的核心难点是人与人之间的差异。

人和人之间的差异太多了,差异不仅让我们无法达成共识,还会引发更多的沟通问题。

性别差异:男人与女人。

性格差异:急性子与慢性子,外向与内向。

年龄差异:父母与孩子。

地位差异:领导与下属。

立场差异:跨部门之间,供应商与客户。

文化差异:东方文化与西方文化,中国的南北文化。

沟通中,差异导致误解,引发争执、争吵,进而激化矛盾,引起冲突，伤及感情，最终不欢而散。

上述任何一种差异存在，都可能让我们的沟通变得困难。许多人看到差异，就试图改变对方，以消除差异。结果往往变得更加痛苦。

这些差异导致了沟通问题，差异又很难被消除，难道沟通问题就无解了吗？

答案自然是否定的。

为什么有人可以跨越年龄差异、跨越性别差异沟通顺畅呢？他们是如何破解这些差异的呢？

频道差异

虽然导致沟通困难的根本性差异有那么多种，但导致沟通问题的直接差异只有一种，那就是沟通频道差异，如同FM和AM。

沟通过程中，每个人都喜欢在自己的频道里。我们的性格、立场、思维方式等决定了我们习惯的沟通频道，沟通双方的性格、立场、思维方式都不同，频道就出现差异，沟通无法顺利进行。

虽然无法改变双方的性格、立场、思维方式，但只要其中一方愿意调到对方的频道上，同频沟通就会变得有效。

以性别差异来看，男性偏理性，女性偏感性，这在生理层面上已经被验证。现代生理心理学研究结果表明，女性和男性脑的结构有非常大的差异。

第二章
解决沟通问题的万能钥匙——4A同频道沟通

大脑里有一个负责理性思考的区域——大脑皮层前额叶，大脑下方有另一个负责情绪、情感感受的区域——边缘系统。

女性大脑的边缘系统和前额叶之间的联系更紧密，这意味着当女人受到强烈的情绪影响的时候，她的边缘系统会释放大量的信号到前额叶，让前额叶无法独立思考，甚至被边缘系统"绑架"，这就是所谓的情感旋涡。这也证明了为什么热恋中的女人智商为"零"。不是女人没智商，而是那一刻她的理性完全服务于她的情绪情感，无法独立思考。但是男性的前额叶和边缘系统之间的联系就没那么紧密，这意味着男人即便情绪很激动时，也能够保持理性思考。

当恋人之间遇到矛盾冲突，女人的第一反应就是："你还爱我吗？"

男人第一反应就是："这个傻问题问多少遍了？讲点道理好不好？"

女人想："爱不爱这么简单的问题你为什么不回答？你不回答一定有问题！"越想越激动，甚至号啕大哭。

男人更生气了："这么简单的问题你怎么就不明白呢？还哭了？完全没法沟通！"于是二人不欢而散。

沟通频道差异，让矛盾激化，小麻烦变成大麻烦。
遇到这类问题该怎么办？

解决这个问题的关键在于男方。因为男方不管情绪怎么激动，他的大脑还有理性，理性让他有能力主动调到女方的频道上。当女人问："你还爱我吗？"男人要毫不犹豫地表达自己的感情，说不出口也可以用行动来表达。非语言信号其实更重要，一个热情的拥抱，握着她的手，温柔地给她擦擦眼泪，给她倒杯温水。当女方感受到了来自男方的关心和关爱，情绪化程度就会下降，降到一定程度的时候，她的前额叶获得解放，恢复理性。这时再回过头来讲道理，问题就解决了。

同频，沟通更有效

什么叫沟通的频道？所谓沟通频道，就是沟通过程中双方思维的一致性。其包含以下四个方面。

第一，内容的一致。沟通的双方脑子里想的是不是同一件事情。

第二，思维方式的一致。男性女性的思维方式是不一致的，东方人和西方人的思维方式也不一致。西方人更喜欢看局部，注重数据、逻辑推理，不能包容模糊和不确定；东方人更喜欢看整体，相信直觉，愿意包容模糊和不确定。

有个朋友从德国回来，他说他在德国参观了同事家的厨房，非常震撼。首先，德国人厨房里的工具种类齐全，刀就有十几把，切不同的东西要用不同的刀。其次，他在德国人家里看到了实验室仪器设备，厨房里有天平、量杯、计时钟。德国人做菜，会非

第二章
解决沟通问题的万能钥匙——4A 同频道沟通

常精确,菜谱上写着:牛奶 300 毫升,主妇就会把量杯拿出来;奶酪 100 克,天平拿出来;在平底锅里煎 2 分钟,倒计时钟就派上用场了。

中国人做菜就简单了,我们的菜谱写着:油适量,盐少许,加热到微热,煎到金黄色……这里就让东西方的餐饮行业出现巨大的差别。我们在国内任何一个城市吃到的肯德基炸鸡口味都差不多,但中餐馆就保不准了,在同一个城市里同一家中式餐饮连锁的不同分店吃到的菜的口味就可能不一样。但是你想吃真正的美食,还得走"舌尖上的中国",因为我们中国大师傅懂得掌握"火候"!怎么跟老外解释火候呢?

第三,思维方向的一致。某天你组织大家讨论一个新项目,团队中总有些阳光灿烂的伙伴积极地表示支持,也总有一些小心谨慎的伙伴容易看到风险。于是这两边开始争吵,吵到后来还不欢而散。此时,你在中间就很尴尬:大家好像都在给我出主意嘛,怎么他们反而吵翻了,你该怎么办?

其实只要统一了大家的思维方向,就能解决这个问题。

介绍完项目和活动之后,让大家先花 10 分钟思考这个活动所有的好处。注意,此时只许想好处,不许想坏处。万一有人想到坏处只能写下来,不许说出来。我们把所有的好处都记录下来。

第一阶段结束。接下来再花 10 分钟思考这个活动的坏处,同样记录下来。

采用这个方法,所有的好处和坏处都可以被讨论出来,而且可以避免讨论过程中的争吵,当大家都看到了所有的好处和坏处之后，再来寻求共识，不就容易多了吗？

节奏的一致。

有人说反应慢的人不好沟通，讲半天他还是不懂。也有人说反应快的人不好沟通，因为思维太跳跃。

其实，这是思维节奏的差异导致的。反应慢的人思考问题的时间相对长。所以，当遇到反应慢的人，我们把节奏放慢就好了。

跟一个不足5岁的小孩说话时，有意识地放慢说话的节奏会更有效。

跟反应慢的人沟通，不如把他看作一个5岁的小孩，沟通效果会明显改善。

跟反应快的人沟通就要加快节奏。

除了反应速度会导致节奏的差异以外，专业差异也会导致节奏的差异。内行的沟通节奏普遍比外行的理解节奏快得多。如果双方互相把节奏协调一致，沟通也就变得容易了。

当我们沟通双方的内容一致、方向一致、方式一致、节奏一致的时候，沟通就进入了同频道。同频道的沟通才是有效的沟通。反之，处于不同频道的沟通，不仅沟通的效率低下，而且更容易引发情绪冲突。

沟通频道差异的三种类型

日常沟通中有90%以上的问题都跟频道差异有关。典型的沟通频道差异可以分为三种类型。

一、关闭频道

一方在说而另一方却没有在听,此时接收方的频道关闭了。关闭频道指接收方没有在接收信息。一旦关闭频道,沟通就会变得低效,浪费时间和精力。

二、争夺频道

沟通的双方都想让别人听自己的,而自己又不想听别人的,双方就开始争夺频道。最初只是在争论,后来会变成争执,最后会变成一场争吵。一旦发生了争吵,伤了感情,后续沟通会变得更困难。

三、频道分叉

看起来两个人好像在聊同一件事,但对方接收到的信息与自己想要表达的不一致。

如图 2-2 所示,双方都在沟通一件事,但服务员与老刘的频道就分叉了。

沟通频道分叉,误解随之发生,甚至比没听到、没听懂更糟糕。如果接收到错误的信息,就会产生错误的行为,后果更严重。

这三种沟通频道的差异是如何形成的?

精益沟通
Lean communication

图 2-2 频道分叉

关闭频道

为什么人们在沟通时会关闭频道？原因大致可以分为三类。

一、不想听：对别人正在谈的内容，没有听的意愿

"我已经知道了"；

"跟我没什么关系"；

"没兴趣"；

"我还有更重要的事"。

二、不爱听：对方说的话让你心里不舒服，有了抵触、反感的情绪

批评和指责；

说亲人、好友、偶像的坏话；

反对的声音；

坏消息。

如图 2-3 所示，第三个人讲的是实话，但是当实话是一个坏消息时，就会让人不舒服。

图 2-3 关闭频道之不爱听

三、听不懂：对方太专业了，或者你没有经历过

没听过的专有名词；

没看过的电视剧、电影、书籍；

没去过的城市、国家；

没体验过的经历。

沟通中，一方关闭频道会有什么结果呢？当某人对着你说话时，对方发现你关闭了频道，他会：

不说了；

继续说，反复说。

朋友多半会选"不说了"，父母多半会选"继续说，反复说"。为什么呢？

朋友给我们提建议，我们关闭频道，朋友就不说了。朋友觉得，你好不好不那么重要，不破坏关系比较重要。

父母背负着责任，希望我们变得更好。所以当我们关闭频道，父母就会加强沟通，变成唠叨。

虽然父母的唠叨，原本是善良的沟通初衷，却给沟通双方都带来痛苦的煎熬。成为父母的我们也很难避免成为爱唠叨的人。

唠叨 + 关闭频道 = 死循环

"重要的事情说三遍"，这是唠叨的开始，我们通过一个事例来看看，唠叨是如何养成的。

精益沟通
Lean communication

老杨交代下属小张去办事，于是走到小张的办公桌旁跟小张说："小张，去把客户资料统计一下，晚点交给我看看……"

小张此刻正在处理客户投诉，忙碌中只听到老杨说客户资料，于是随口答应了一句，就继续处理自己的事，一会儿就把客户资料的事忘了。

老杨以为小张听到了，就回去等结果。左等右等，小张依旧没有把资料交过来，于是老杨去催小张："客户资料统计好了吗？"

小张一脸迷茫地问："什么客户资料？刚在处理一个比较麻烦的客户投诉，一下没注意。"

老杨想："算了，客户投诉比较重要，那再交代一下吧。"于是又交代了一次。

自此以后，老杨觉得，事情说一次不行，必须说两次。而每次任务都交代两次后，小张也觉得，第一次不听也没关系，反正老杨会说第二次。

偶尔第二次的沟通小张又再忙别的事，老杨就会想："看起来说两次也不行，那就说三次。"……

长此以往，结果就是，老杨越来越唠叨，小张关闭频道的次数也越来越多。这样的死循环，就是在唠叨和关闭频道间养成的。

生活中的事例比比皆是。

父母说一遍，我们关闭频道，父母发现我们没听，出于责任和关心，父母说第二遍、第三遍，发现我们还没听，父母心想，"这孩子，一遍不行就多说几遍，总有一遍能听进去。"而我们在想，"父母说的我都知道，就算不知道，反正他们也会反复说。"

不想让自己成为唠叨的人，就要破掉这个死循环。如何破呢？

> ▶ **沟通困境 3**
>
> 怎样沟通，不用唠叨也能让对方听进去？
> 破解之道：调频加评估。

调频

诀窍是调频（Adjust），关键是评估（Assess）。

● 评估（Assess）：评估对方是否关闭了频道。

● 调频（Adjust）：调整谈话内容和节奏，引发对方的兴趣，使之打开频道。

● 评估（Assess）：说完了，请对方给个反馈。

只要对方反馈的内容与自己想表达的内容匹配，表示沟通目的已达到，沟通就无须再重复。

在老杨的案例里，如果老杨一开始布置任务之前先评估小张的状态，并设法让小张打开频道，如说"先把手头的事情放一放，我有个任务交给你"之类的话，布置完任务后评估一下："把任务重复一遍。"当小张反馈的跟自己说的意思一致，说明任务真的布置下去了。那老杨就不用再唠叨了。

说一不二的领导和唠叨的领导对比之下，谁更有沟通影响力呢？显而易见，一定是说一不二的领导。

所以调频是打破唠叨死循环的诀窍。加入了调频（Adjust），执行循环才完整。

"我不唠叨，但总有人跟我唠叨。"我们遇到唠叨的人该怎么办？

完整地执行循环，同样可以避免他人唠叨。在后续的章节里，我们会针对不同情景给大家具体的解决方法。

优秀的沟通者，会在沟通前默认对方频道关闭，主动做一些调频的动作，过程中会时刻关注接收者的状态，通过获取反馈来评估沟通效果。这样的沟通会让接收者更加在意我们说的话，久而久之，沟通影响力会得到提升。

争夺频道

当沟通中出现不同意见，双方都会试图把对方拉到自己的频道里来，都想说不想听，先是争，然后吵，更甚者会因为情绪失控而大打出手。

这种争夺频道的现象经常发生。

> ▶ **沟通困境4**
>
> 表达不同意见容易伤感情，忍着不说又不能解决问题，"鱼"和"熊掌"如何兼得？
>
> 破解之道：关键是做好评估，特别是来自第三方的评估。

不同意见本身是有价值的，这让我们有机会换个思路来思考。但是，往往事情会发展到不可控的地步，导致冲突，破坏人际关系。

鱼和熊掌该如何兼得呢？怎样能征求到不同意见（鱼），又维护良好的人际关系（熊掌）呢？

中国人常常会选择"舍鱼而取熊掌"——为了维护良好的人际关系，有意见也不说。

开会时，领导问："关于我的这个提案，大家有没有不同意见啊？"答案通常都是："没有！"可是当面不提，不表示真的没有问题。一旦开始执行了，各种麻烦就出来了。做一件自己不赞同的事情，真的心好累啊。

其实，鱼与熊掌是可以兼得的，关键也是做好评估，尤其是第三方评估。

人的情绪从平和状态到爆发状态，会有一个过程。争夺频道的双方最初就事论事地争，各自从自己的角度提出自己的观点和想法，这对完整思考和解决问题是很有价值的。但是争论中，一旦出现针对"人"而不对"事"的时候，情绪就起来了，"争"会变成"吵"。

只要评估到沟通中出现对"人"的攻击，就要喊停。

为什么是第三方？当事双方很可能都被对方带有敌意的情绪挑动，难以自控。此时第三方最容易站在中立的角度，冷静评估当事双方的情绪，并及时喊停。当情绪之火仅处于火苗状态时被扑灭，就不会燃成一片火海了。等情绪平复了，再来就事论事地讨论，问题更容易得以解决。

频道分叉

实际生活与工作中经常会发生频道分叉的现象，多数的误解也是由此产生。

> 老陈在阳台摆弄花草，随即回头喊了一句："老婆，倒杯水给我！"不一会，老陈的爱人给他拿来一杯温开水。

信息不完整是频道分叉的根本原因。由于没有得到完整的信息，就会加入了自己的主观判断和想象。老陈摆弄花草，这样的背景下，我们能够理解水是用来浇花的。而老陈的爱人没有接收到老陈完整的背景信息，主观地认为水是用来喝的，所以误解产生了。

> ▶ **沟通困境 5**
>
> 信息缺失容易导致误解，说多了别人还嫌弃我啰唆，怎么办？
>
> 破解之道：通过提问进行评估。

怎样避免频道分叉产生的误解呢？关键还是做好评估。

当老陈提出要一杯水，他的爱人只要用一个问题来评估一下：

"你要水干吗？"

"冷水还是热水？"

"你在忙什么呢？"

任意一个问题都能避免频道分叉。

所以解决频道分叉的关键是接收信息后，通过提问题进行评估，频道分叉就会被避免，误解也就不会发生了。

4A 沟通循环——重塑沟通的系统认知

把思考循环和完整的执行循环连接起来，就产生了完整的 4A 沟通循环。

● 目标（Aim）：将要进行的沟通，目的是什么，希望达成什么样的目标？是传递信息、交流情感还是促成改变？

● 评估（Assess）：评估一下目标，这次沟通是影响性沟通还是冲动性沟通？评估接收者的接受度。

● 调频（Adjust）：当彼此还没在同频道上，先设法让彼此进入同频道。

● 尝试（Attempt）：循序渐进地、有节奏地推进沟通。

尝试完了之后别急着结束，再回到评估（Assess），让接收方反馈来评估沟通的效果。如果效果不合格，再调频、尝试；效果合格，沟通形成闭环，才算圆满。

正如上述章节所提到的，评估（Assess）是关键。

良好的评估，让沟通变得目标明确、富有弹性，保证质量的同时还降低成本了。

做好了评估，能让沟通双方第一时间发现频道差异。通过调频，让彼此迅速进入同频道。经常在同频道里沟通，默契也就产生了。彼此的默契很大程度地降低沟通成本，增加沟通效果，使我们的沟通更加精益。

默契 = 我不说你都懂

当大家用同样的思维方式、思维方向、思维节奏思考同一个问题的时候，沟通就有了最高的效率，这种沟通的状态我们可以称为默契，默契就是一种同频道沟通。

世界上顶级的团队，都用默契沟通。最棒的足球队、篮球队、特种部队、医疗团队、谈判团队、管理团队中的成员，都能用默契互相沟通。与有默契的人沟通，话不多，相视一笑、一个眼神、一个动作，简单的信号，能够传递丰富的信息。这样的沟通成本低、效益高、有共鸣，达成共识的速度也很快。具备了与别人同频道的能力，很容易和身边的人达成默契，就会成为人际交往中受欢迎的人。

怎样才能形成默契？在组织的沟通中，建立统一的规则是可以很快形成默契的。大家用同样的规则和言行共处，沟通一定会相对于组织外的其他人顺畅一些。这是一个层次，基于规则的默契。在 VUCA 时代，组织经常需要面对变化和不同的挑战，敏捷团队作战的形式更需要彼此之间的默契。这是第二个层次，基于人际的默契。

> **▶ 沟通困境 6**
>
> 怎样让彼此逐步形成默契？
> 破解之道：寻找共同的兴趣爱好。

建立这种默契的第一步，是寻找共同的兴趣爱好。

人际关系不是数学关系，不是物理关系，是一种化学反应。加速化学反应发生的，是催化剂。人际关系的催化剂，就是人与人之间共同的语言、共同的兴趣爱好。

聊到共同的兴趣爱好，就能引发共鸣效果，让人与人之间惺惺相惜。如果有很多共鸣，更会激发出相见恨晚的感觉，"酒逢知己千杯少"。找不到共同频道的话题，相处了很久也很少交往，"话不投机半句多"。

默契是磨合出来的。

团队刚形成的时候，成员之间的思维方式、思维方向、思维节奏各不相同，即使思考同一个问题，也很难同频道。为了找到同频道，彼此颇费周折。

成为熟悉的好伙伴后，彼此很愿意进入对方的频道，经过一段磨合，在了解了彼此的思维方式、思维习惯后，也容易进入对方的频道了。随着进入同频道的时间越来越短，沟通效率就越来越高。当彼此能够"秒进"对方频道的时候，默契也就形成了。

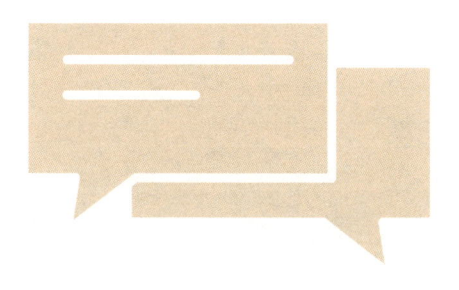

第三章

读懂对方
——帮你开启沟通中的核心技能

> 很多年轻人羡慕别人能口若悬河,滔滔不绝。事实上沟通的核心技能不是表达能力,而是理解能力。
>
> 准确接受信息,读懂事,是做正确决定的前提。深谙人性,读懂人,是影响他人的基础。

第三章
读懂对方——帮你开启沟通中的核心技能

理解的力量——理解是影响对方的基础

"理解万岁!"

每个人都渴望被别人理解。善于理解人,就会很受欢迎。当你身边的人遭受误解和委屈的时候,一句"我懂你"就会让他觉得很是欣慰(如图3-1所示)。

尝试理解你身边的不同的人,你会成为非常受欢迎的人。

"我理解了他人,谁来理解我?"这是一个必须想明白的问题!

第一,怎样让别人也能理解我?这个问题我们在下一章讨论。

第二,理解别人带给自己什么好处?

图 3-1 理解的力量

理解赢得信任

出现了一个"奇葩",大家都离他远远的,他其实很孤独。

假如你愿意走近他,跟他聊一聊。

认真地倾听他的故事,你会发现一切看似奇怪的表象背后都有可以理解的原因。

你理解他了,他对你的感受也变得不同了。

"人生得一知己足矣",所有人都离他那么远,只有你离他那么近,你成了他最信任的人(如图 3-2 所示)。

图 3-2 理解赢得信任

良好的人际关系，源于彼此间的共鸣和认同。读懂了一个人，并向他表示理解，共鸣就开始了。

理解力是影响力的前提和基础

孙子兵法有云："知己知彼，百战不殆。"

有人会说："为什么是我理解他，而不是他理解我？每次有不同意见，就要我去理解他的想法，我岂不是很被动？"而事实与感受恰恰相反，理解别人正是主动影响对方的第一步！

打扑克牌时，喜欢偷看别人牌的人，总是令人讨厌；

相反，大大咧咧，只顾聊天而老是把牌斜给别人看的人，却让大家觉得傻得可爱（如图3-3所示）。

事实上，沟通中很多人就是这么"傻得可爱"。"你听我说！"不就是让别人看自己的牌吗？想不到对面的人更傻："你先让我把话说完！"——不仅不愿看对面的牌，还急着摊开自己的牌。

让别人先说完，就有机会了解到对方的想法，对对方的想法越了解，也就越清楚用什么方法去影响他。

"理解万岁"这个词本身就可以有两种不同的解读。

第一种，对说话的人来说，这是一种心理感受。"我"渴望被别人理解，别人终于理解了"我"，耶！万岁！

第二种，就听话的人而言，这恰恰意味着一条客观规律。古时帝王常说："得民心者得天下。"可是，怎样才能得民心呢？

要先知民心，从理解民众的诉求开始。

知民心后满足民众的需求就有机会得民心。

得了民心就有机会得天下。

得了天下才会被天下人尊为"万岁"（如图3-4所示）。

第三章
读懂对方——帮你开启沟通中的核心技能

图 3-3 理解别人是主动影响对方的第一步

图 3-4 知民心

第三章
读懂对方——帮你开启沟通中的核心技能

理解对方,知道对方想要什么、不想要什么、担心什么、害怕什么、喜欢什么、厌恶什么,就知道用什么样的方式去和他谈什么。理解对方,还让我们赢得他的信任,这更增加了对他的影响力。

能够理解下属,你才知道怎样让对方心服口服;理解上司,你甚至知道提什么建议、用什么方式提更容易被采纳;理解异性,谈恋爱、与异性相处就容易很多。理解别人是影响别人的前提和基础。

但理解别人却是沟通中最难的一环。

导致误解的陷阱
——为什么懂你的人这么少

理解力是影响力的前提和基础，而理解力不只是听对方说话，更是要读懂对方。工作中要读懂领导、下属、跨部门同事、供应商、客户；生活中要读懂家人、朋友。

读懂对方确实很难。因为各种原因导致的不理解更容易发生。我们一起来看一个沟通的例子——财务与销售的"冲突"。

李娟是公司的财务，张兵是销售，张兵找李娟报账，李娟看了张兵提交的材料后提出了几个问题，让张兵回去重新整理。

李：你这个报不了。

张：为什么？每次都是这样！总是这样麻烦，这次又怎么了？

李：你自己看，这两个不是同一个类型的支出，贴在同一张报销单上了，这一张食品票超支，这一张没有明细相对应，没有办法报，还有这一张，面额和

第三章
读懂对方——帮你开启沟通中的核心技能

明细对不上。

张：听我给你解释，这次的情况很特殊。

李：每次都特殊，你不用解释了，我都给你们销售部说过多少次了，国家的财税政策越来越规范，公司下发了相关制度文件，我们严格按制度执行。我再给你说说，你回去传达给销售的同事。

张：不用给我说教，你们制定的制度就是为了卡我们，你们是站着说话不腰疼！我们容易吗？大夏天的伺候客户跟孙子一样在外面跑，上一个活动我们部门个人垫了四千多元，到现在两个月了流程还没走完。你们这制度合理吗？你们这样让我们的人怎么做销售？

李：这不能怪我们呀，如果不是你们每次票据有问题，会拖这么久吗？

张：我们是做销售的！不是做财务的！如果我们都懂还要你们干什么？如果不是我们在外面辛苦地跑业务，创造利润，你们哪有工资发！你们没事找事，公司养你们真不知道是干什么吃的？！

李：你！（李娟气得说不出话来，张兵转身摔门走了）。

这只是职场沟通的一个场景，人们不被理解的概率比想象得高得多，因为读懂他人受两个认知因素和一个情绪因素的影响。

认知因素一：格式塔效应

如图 3-5 所示，你能看到哪些图形？

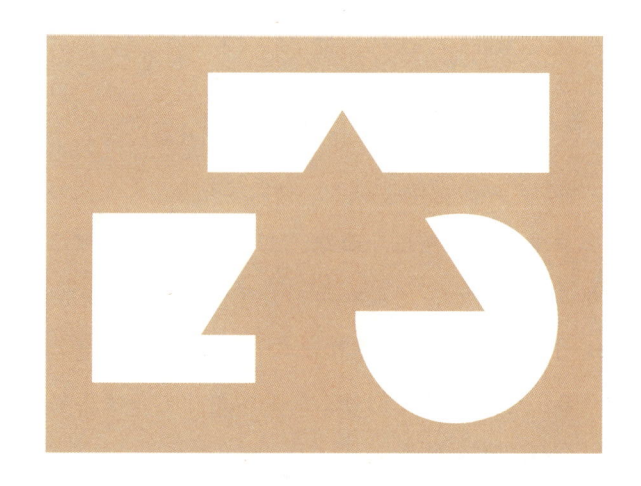

图 3-5　里面都有哪些图形

正方形、长方形、三角形或者圆形？也许一个都没有！因为没有一个图形是完整的。

为什么你第一眼就能看到三角形？因为你脑补了三条连线，这个现象叫作格式塔效应。人的大脑是这样工作的：当我们没有办法得到完整的信息时，大脑会自动添加线索让信息变得完整。由于这些脑补活动是自动发生的，大脑甚至认为这些补充的信息本来就存在。

脑补会误导你。

如图 3-6 所示，别人告诉你看到一个半人半鱼的怪物，他头脑里是这样的（如图 3-6（1）所示），而你的头脑里却可能是这样的（如图 3-6（2）所示）。

（1）

（2）

图 3-6　脑补出的各种半人半鱼的怪物

认知因素二：信息开关效应

人类的大脑是所有动物中能耗最高（相对于身体的其他部分）的，所以大脑自带"节能减排"机制。

如图 3-7 所示，理解对方是一个需要耗费大量脑力的过程。

对方说话时，当我们的大脑觉得"我已经知道了，你讲的话对我没有意义、没有价值，我不可能听得懂"。大脑发现继续耗能却没有价值,就会自动把频道关闭,这就是信息开关效应。

过早判断

当信息开关效应跟格式塔效应合在一起,真正的麻烦就来了:对方刚一开口,你就想"这事我知道"。

大脑开始补充,会把事情的起因、经过、结果都补充了。

然后就对自己说:"既然我已经知道了,就不用继续听了嘛。"你就把信息频道关闭了。

结果对方讲的后半段话你都没有听进去。事实上,你想象的很可能和他要表达的并不一致(如图3-8所示)。

第三章
读懂对方——帮你开启沟通中的核心技能

图 3-7 大脑的"节能减排"

图3-8 过早判断

刚才前面提到的跨部门沟通案例，财务与销售是否也受到了格式塔效应和信息开关效应的影响，造成过早判断？

销售张兵说"听我给你解释，这次的情况很特殊"，财务李娟关闭频道，听不进销售伙伴的解释，自动脑补后认为销售就是喜欢搞特殊，下发文件不学习，明知故犯，公然对抗公司财务报销制度。而不能分析销售为什么会有这些问题，如何协同解决，有效支持业务。

财务李娟说"我再给你说说，你回去传达给销售的同事"。销售张兵关闭频道，不听李娟的制度说明，认为财务就是拿着制度针对销售，且脑补认为财务就是天天吹着空调"没事找事"，而不愿思考为什么财务会有这些规定，如何从解决问题的角度做好沟通，怎么可以既不违反规定又提高报销效率。

下判断越早，得到的客观信息就越少，要加入的主观判断就越多，犯错误的概率也就越高，误解就此产生。

这提醒我们，要减少对他人的误解就要有良好的倾听习惯——尽量去收集完整的信息。

不同意见

对亲身经历的事，形成了一个判断，居然听到不同意见。人们通常的反应就是："既然我是对的，他不同意我，那一定他错了！"这个逻辑有问题吗？如图3-9所示，你觉得是一个什么样的人？

图3-9 是少女还是老太太

有人看到了少女，有人看到了老太太，其实二者都存在，无论是看到少女还是老太太，都没错。有时候别人的意见跟我们不同，并不表示他错了，只是他得到的信息跟我们不一样罢了（如图 3-10 所示）。

图 3-10 皆有可能

甚至当大家得到的信息相同，得出的结论也可能不一样。再看一张图（如图 3-11 所示）。

这是马。把书顺时针转九十度看看，是不是看到了青蛙？为什么同一件事情别人的看法和我们不一样？因为大家看问题的角度不同。

第三章
读懂对方——帮你开启沟通中的核心技能

图 3-11 是马还是青蛙

听到不同意见,并不意味着别人错了,而是别人看到了我们没看到的,或者别人看问题的角度跟我们不一样。

每个人用自己的眼睛和耳朵亲历这个世界,所能掌握的信息量非常有限,要想看清整个世界,就需要借助别人的眼睛和耳朵。不同的意见,让我们有更多机会掌握完整的信息。

▶ 沟通困境 1

经常过早判断甚至误解别人,该怎么办?
破解之道:把"!"号变成"?"

为了避免过早判断,我们需要建立一个不同的习惯:把感叹号(!)变成问号(?)。

感叹号（！）——听到不同意见，第一反应就是"你错了"。当我们对别人说"你错了"的时候，其实是在对自己说："我是对的，他是错的，所以他的话我不要听，他的话对我没有价值。"频道关闭。

问号（？）　"你为什么这么想？"

"！"变成"？"，是在暗示自己的大脑"有一些信息我没有掌握，我很好奇"。对别人说"为什么"，其实是对自己说"我需要去接收更完整的信息"。这一刻频道重新打开。

改换思考问题的角度，得出的结论会不一样。一个人在婴儿期就开始训练控制自己的肢体，在幼儿期就开始训练控制自己的情绪，但控制自己的思维方式的训练，直到成年以后还是有很长的路要走。

情绪因素

你在高速公路或者高架上开车，开错一个道口是不是走好多冤枉路啊，情绪也是一样的。一旦你对某人产生了情绪层面的误解，接下来会有非常大的一段冤枉路要发生。情绪会把信息扭曲以后再交给大脑，这会使人们产生错误的判断。

同样的话、同样的语气，不同的人感受不同，是因为对他的情感不同（如图3-12所示）。

第三章 读懂对方——帮你开启沟通中的核心技能

图 3-12 情绪因素

同样的话，从不同的人嘴里说出来，你对说话人的情感不同，听到的也不一样。

因此，你听到的常常是你的主观情绪感受，而不是对方所要表达的客观事实（如图 3-13 所示）。

图 3-13 主观情绪感受

早些年的言情剧里面,那些男女"主角"总能用令人匪夷所思的方式去误解对方,怎么容易发生误解怎么来(如图 3-14、3-15 所示)。

第三章
读懂对方——帮你开启沟通中的核心技能

图 3-14 匪夷所思的方式

图 3-15　误解加深

然后一堆狗血的故事就发生了。

如果你的倾听过程经常受情绪干扰,狗血的情节还真会发生在你自己的故事里。

前面提到的财务李娟与销售张兵的沟通,因为对彼此过往或当下报销作为的不认同,进入情绪道口,产生误解,站在李娟的角度,认为销售总是为了自己的便利而破坏制度;站在张兵的角度,认为财务就是官僚,总是针对自己。本来只是在票据报销层面的分歧，后来演变为财务认为自己是公司制度的遵守者，对比销售部就是制度的破坏者；销售认为自己是公司的"衣食父母"，财务就好似"没事找事"。最后不欢而散。

所以，看看身边，每次都能认真听你把话说完的人有几个？这其中能够不带个人情绪的还剩几个？真正懂你的人还真不多。如果有，请一定珍惜，不只因为他懂你，你还可以从他身上学到很多沟通的好习惯。

当你身边的朋友遭受误解和委屈的时候，最让人动心的莫过于那句"我懂你"。可是，你真的能读懂的他吗？

打通沟通任督二脉

金庸先生在他的武侠小说里写到，一个练武之人，只有打通了任督二脉，才能够成为武林高手。那什么是沟通中的任督二脉？为什么不打通任督二脉就没有办法成为沟通高手？

打通沟通的任督二脉，首先要学会区分同情和理解，同情是一种情绪感受，理解是一种能力。一个普通人，很容易理解他能够同情的对象，因为同情让人更容易换位思考。但是普通人很难理解他不能同情的对象，讨厌一个人，就不愿意换位思考，也就丧失了理解他的能力。影响性沟通是以理解对方为前提和基础的，既然没办法理解对方，就无法站在对方的角度换位思考，就没有办法找到我方和对方沟通的最优解，结果只能按照自己的意图和想法去沟通，这样我们有大概率做冲动性沟通。所以普通人只能与喜欢的少数人做影响性沟通，这大大地妨碍人际交往的能力。

而真正的高手，不管他遇到的对象是不是自己喜欢的，都能够换位思考，能够做影响性沟通，这就是为什么我们说这种能力是沟通的任督二脉。

如何打通任督二脉，理解对方呢？

第一，先隔离情绪，就是给自己一个心理建设和暗示，把自己想象成无关的第三方，假如这件事情不是发生在我身上，而是发生在另外两个人身上，这样我们就可以把自己的情绪剥离出来，站在第三方的角度看这两人之间发生什么。当我们试着去看清楚对方表达的本意以后，真正理解了他的想法，而理解又会带来包容，包容让我们理解对方变得更加容易。

第二，变"！"为"？"。每当我们总是在想，"都是他的错！"就会越想越生气，换个问题，"我该怎么办？"就更容易变得释然，所以每当我们看到一个非常不合理的现象，认为都是他的错！这就是一个"！"，看到一个不合理的现象，我们要相信，不合理现象背后，都有一个我们尚未了解的真相，这时候换位思考就可以介入了，"如果是我，为什么会做出看起来这么不合理的事情呢？""会有什么样的原因，让我做这件事情？"探寻的结果，会让我们找到那个"！"背后的原因，通过这个问题的探索，我们了解到对方真实的原因以后，我们对对方也有了理解。把"都是他的错！"转换为"我该怎么办？"再一次帮助我们有机会从冲动性沟通里跳出来，做影响性沟通。为了解决问题，我们会有意识地探寻真相，找到真相，我们就有机会找到解决问题的最优解。

打通任督二脉是一个长期修炼的过程，一个人如果经常容易觉得都是他人的错，那他的理解力在很大程度上会受到情绪的干扰和影响。而当你发现自己问"我该怎么办？"的概率远远超过"都是他的错！"的时候，你的理解力已经有了很大的提升。

前面提到的财务李娟与销售张兵的沟通冲突，其实这样的冲突已经不是一次两次，这次的冲突有员工反馈到 HR 赵经理处，赵经理认为冲突有时候也许还是有效沟通的好契机，正好借机帮他们打通沟通的任督二脉。

赵经理：张兵、李娟，听说你们因为报销的事情，闹得很不愉快，想来这也不是二位所愿意看到的，希望通过今天的沟通，我们可以试着解决这个问题。

李娟：赵经理，张兵说"不知道我们是干什么吃的"确实很伤人。

张兵：每次碰到报销总是被退回来好几次，碰到谁身上，谁不恼火。

赵经理：好了，二位先不要生气，今天把你们叫过来，就是要解决这个问题的。我来主持一下咱们今天的沟通，一起试着解决，好吗？

张兵、李娟：好。

赵经理：你们首先回顾一下当时的沟通场景。想象自己像"小飞侠"一样悬在空中，审视当时的冲突状态，有什么样的感觉，同时思考彼此沟通的目的是什么？

张兵：站在第三者的角度这么审视，比自己在现场沟通，情绪要平和多了。我当时沟通的目的很简单，就是希望可以快点完成报销，好拿到自己贴进去的钱。

李娟：我当时表达的目的是希望可以按公司制度走报销流程，不能犯制度性错误。

赵经理：好，两位已经能隔离情绪看这个事情。接下来，你们彼此试着换个角色，站在对方的角度来思考，为了方便你们进入角色，可以带着好奇心，也就是对不理解的事情先不惊讶、不回避，思考下对方为什么会这么做？比如李娟思考下张兵不符合制度的发票，他是为了违反公司的制度吗？

李娟：哦，我想想，当然不是，销售伙伴提交不合格的发票，也有不得已的情况，更多是为了早点完成报销，好有时间精力去完成更多销售业绩。

张兵：真好，谢谢李娟的支持理解。

赵经理：张兵，你也可以站在财务的角度思考下，财务这么严格的报销制度，是为销售部门设定的吗？

张兵：那倒也不是，财务这么做，培训的时候都讲过，是国家财税政策规定的。

赵经理：二位这么快就进入状态。好，基于刚才的认同，是不是对上次沟通时对方的状态和行为就多了一些理解？

李娟：是的，这么看，我们前期情绪冲突完全没有必要，都是因为工作嘛。我们每个人站的角度不同而已，现在用同理心去看，都是可以理解的。

赵经理：那我们再试着想想后期应该怎么做？

张兵：我经常在外面打拼，说话冲了一些，李娟，你多担待。后期公司制度还是要遵守的，同时应该多向财务伙伴学习。

李娟：我们也需要思考如何为销售伙伴提供更多支持。下周我去你们那里一趟，详细了解销售流程，看如何做好报销与销售流程的对接，尽量减少你们花费在报销上的时间和精力。

赵经理：二位能这么想真好，以后我们少一些情绪层面的冲突，多做基于理解、包容的沟通，很多问题都容易找到解决方案。

理解一个人以后，你会发现原来他这么想、这么做都是有原因的，你就变得宽容了，宽容又让你更容易倾听对方，以加深对他的理解。这就形成了良性循环（如图3-16所示）。

图 3-16 良性循环

听到不等于读懂——如何读懂他人

▶ **沟通困境 2**

怎样减少认知层面和情绪层面的问题带来的误解。

破解之道：经常问自己三个问题：

"我在听吗？"

"信息完整吗？"

"我有情绪吗？"

第一项修炼："我在听吗？"

别人在说话时，我们一不小心就会走神。别人说话的时候，意识到自己走神的那一瞬间，可能有机会重新把频道打开。

就怕别人说了很久，才发现走神，时间全都浪费了，还会错过重要的信息。

经常问自己"我在听吗？"减少关闭频道，这既是对对方的尊重，也避免错过重要的信息。

第二项修炼:"信息完整吗?"

当听完一段话,你有这样的想法时:

- 他怎么这么愚蠢?!
- 他疯了?!
- 这个想法太奇葩了!
- 领导的想法根本不切实际!

……

其实可能只是因为你没有掌握完整的信息。警惕格式塔效应和信息开关效应两个认知障碍。变"!"为"?",带着疑问,去探究我们所不知道的"真相"。当你掌握了完整的信息,会发现"他这样想很正常,换作我也会这么想"。

第三项修炼:"我有情绪吗?"

情绪对于沟通是朋友还是敌人?当你能够驾驭情绪的时候,情绪对沟通的效果可以起到推动的作用。如果你被情绪控制了,情绪更有可能成为沟通的敌人(如图 3-17 所示)。

第三章
读懂对方——帮你开启沟通中的核心技能

图 3-17 情绪成为沟通的敌人

是驾驭情绪还是被情绪控制？取决于你对情绪的意识。

首先是意识到自己当下是否带有激烈的情绪。

接下来就可以把评估出来的情绪状况跟沟通目标做个对比："我带着愤怒的情绪去沟通，对于达成我的目的是好还是不好？"

如果好，那就让这个情绪释放出来，借力打力；

如果经过评估发现这种激烈的情绪很可能让之后的沟通效果恶化，那么控制一下。

意识到情绪，是驾驭情绪的第一步。在倾听过程中，经常评估自己的情绪状态，是在训练驾驭情绪所需的基本能力。

"我有没有情绪？"

"有什么样的情绪？"

"导致这种情绪的原因是什么？"

问自己这些问题的时候，你就开始驾驭情绪了。

经常问自己这三类问题，不断修炼自己的倾听习惯，误解别人的概率会大大下降。

弦外之音

经过以上三个维度的修炼，终于开始进入对方的频道了。如何进一步读懂别人呢？我们中国人的标准是：听话要听"音"——弦外之音。

弦外之音并不是对方表面所讲的话，弦外之音会隐藏在他的表情、语音、语调、肢体动作等细节里。弦外之音，是指他没有直说的情绪感受、愿望、意图。

如图 3-18 所示,有一天老王跑到部门里跟他做同样工作的小李跟前……

图 3-18 绕圈子

狗叫了一整夜并不重要,重要的是老王没睡好。

老王只想表达他没睡好吗,还有没有别的弦外之音?其实他想跟小李说"我一晚上没睡好,我的活你能不能替我干一点?"

绕那么大一个圈子就为这,直说不行吗?

当然不行!

精益沟通
Lean communication

如图 3-19 所示,假如老王……

图 3-19 太过直接

这样一来人和人之间的矛盾和冲突就产生了。中国人以和为贵,待人友善,在沟通中我们尽量避免矛盾冲突。

假如小李能读懂老王……两人的感情更好了,而且小李主动要求工作也更加心甘情愿(如图 3-20 所示)。

第三章
读懂对方——帮你开启沟通中的核心技能

图 3-20　友善待人

▶ **沟通困境 3**

听不出别人的弦外之音怎么办？

破解之道：掌握弦外之音的内在逻辑。

中国人血液里流淌的就是能够听懂弦外之音的基因。

"为什么有时候我就是听不懂呢？"因为那是你不熟悉的频道。在你熟悉的频道里，你无须思索就能听出别人的弦外之音。

求介绍！他没直说，你一定听懂了吧。

不管这是不是你熟悉的频道，背后都有同样的逻辑：情绪感受—愿望—意图。

通过关注对方的表情、语音、语调、肢体动作，了解对方的情绪感受，推测出在这种情绪感受下他的愿望，再问自己一个问题："他特意向我表达了这种愿望，我要做什么才能满足他的愿望呢？"这个问题的答案，就是他的意图，也就是他最终的弦外之音（如图3-21所示）。

● 情绪感受—愿望：老王跟小李说："楼下的狗叫了一整夜！"带着沮丧的表情，因为疲劳。这种状态下他愿望是什么呢？当然是休息一下。

● 愿望—意图：老王表达了想休息的愿望，小李问自己："我能做什么来满足他想休息的愿望呢？"替他干活！

这也是我们中国人说的"眼见为实、耳听为虚"的另一层意义。

眼见的：对方的表情、肢体动作等，能够反映出对方真实的情绪和愿望的非语言信号——更重要；耳听的：对方说的那些话倒没那么重要。

从关注到对方的情绪状态开始，要听出弦外之音就不难。

可如果遇到了"喜怒不形于色"的人怎么办？上面讨论到的只是皮毛，要听懂对方的弦外之音还要关注一件更重要的事。

第三章
读懂对方——帮你开启沟通中的核心技能

图 3-21 弦外之音

上下文背景

掌握了上下文背景，频道就对了。频道对了，听出弦外之音就容易。频道错了，以上所提到的所有细节，甚至会导致断章取义。

如图 3-22 所示，西方人研究肢体语言得出结论：如果一个人双手抱胸，就表示敌意、反对、保守、防卫。

图 3-22　肢体信号的不同意思

可跟中国人打交道时你会发现大家聊得好好的他就做这个动

作，可他并没有反对的意思。

以单一的肢体信号来解释一个人的心理，很可能断章取义，导致误判。

回顾之前的两个案例。

老王对小李说："楼下有条狗叫了一整夜。"最重要的上下文是，两人在同一部门做同样工作。如果两个人工作性质差异极大，小李最多只能"深表同情！"不可能替老王做什么。

某男问女同事"听说你有个漂亮表妹……"最重要的上下文是他是个单身男。

什么是上下文？

上文包括：以前他经常谈到什么？他最关心什么？他是一个什么样的人？

下文包括：他的愿望是什么？对未来有什么期待？

结合当下讨论的话题，就是完整的上下文背景。

弦外之音的好处是表达出去就算别人不同意，至少不会直接导致一场冲突，但弦外之音的坏处在于直接透露的信息量太少，留给对方猜想的空间大，万一上下文背景没对上，就会发生误解。

怎样尽量避免误解呢？

第四章

精益表达
——表达的影响力与感染力

> 话说得多，不一定能口吐莲花，在他人眼里，也可能是婆婆妈妈。
>
> 话说得少，不一定是内向木讷，精益的表达字字珠玑。
>
> 表达的质量比数量更重要。说了什么不重要，接收方听了多少、理解了多少、受了多大的影响才更重要。
>
> 说对方易理解的话，是影响对方的基础。说对方认同的话，才能真正打动对方。

什么是出色的表达

口才好 = 会沟通？

你是否特别羡慕那些口才好的人，他们讲起话来一套又一套，滔滔不绝，而且他们的词汇特别丰富，自己好像一辈子都到不了那个程度？不用担心，那只是一种表象，真正好的表达不一定需要运用大量的辞藻。

要衡量表达是好还是不好，首先要看清楚表达的目的到底是什么。

炫耀口才的时候，自我感觉好爽！但实际效果未必如其所愿（如图4-1所示）。

职场上，表达的目的更多是解决问题，配合工作。从这个角度看，表达的目标可以分为三个层次。

图 4-1　炫耀口才

第一，信息传递

把信息准确地传给对方，让对方知道。

标准：准确、及时。同样一条信息，能用一句话表达清楚却用了两三句话，那就是浪费！

强大的大圣，面对唠叨的唐僧也无语（如图4-2所示）。

图4-2 言简意赅才够酷

第二，让别人听懂、理解

亚里士多德说"知道没有力量，理解才有力量"。一个人获取的信息会成为他头脑知识库里的一部分，但是只有真正理解了才会去应用。当我们需要别人配合时，就需要别人来理解我们（如图4-3所示）。

第三，影响、说服别人

对方听到了，听懂了，很自然地就"听你的"了。

衡量表达是否有效，要看接收方产生的效果！

你说了什么并不重要，关键是对方听到了什么；你把话讲到什么深度不重要，关键是对方能理解到什么程度；你觉得你的说服力有多强也不重要，重要的是对方有没有被你影响。

控制表达欲

有时候你刚开了个头，对方就接上了。等他讲完以后发现，你想要表达的他都已经知道了，那就不用再讲下去了。

控制自己的表达欲是一项非常重要的修炼。表达欲失控，不仅浪费时间，还会把本该谈论的重要话题挤在一边，妨碍沟通的效果。表达欲失控很容易让人踏上唠叨的"不归路"，严重妨碍个人的沟通影响力。

第四章 精益表达——表达的影响力与感染力

图 4-3 理解才有力量

不管对方有没有意愿听，都要一吐为快，这种冲动性沟通会

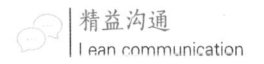

严重妨碍沟通的效果（如图 4-4 所示）。

  当我们意识到对方没有听下去的意愿时，就应该"踩刹车"，让自己停下来不要再说了。

图 4-4　表达欲失控

第四章
精益表达——表达的影响力与感染力

表达的弹性

要避免简单粗暴,沟通中就要有弹性。关注对方的接受度,就能让表达有弹性。

影响一个人接受度的因素有两方面:接受意愿和理解能力。

接受意愿

对方愿意听吗?

"好话"通常人们都愿意接受,但"坏话"能否被接受要看接受度。哪些话会考验接受度呢?

一、批评的话

指出对方的错误、缺点、不足等。一旦人们感觉到自己被贬低了,心情就会不好。他们或者逃避,或者反唇相讥(如图4-5所示)。

图 4-5　一味批评

二、反对意见

人们都喜欢心想事成的顺利感觉，不同意见会让人感觉到意愿的达成受阻，这会带来负面的情绪。为了推进意愿的达成，人们会本能地把反对者看成阻碍甚至敌人（如图 4-6 所示）。

图 4-6 一味反对

三、坏消息

哪怕是客观事实，由于人们不喜欢坏消息，传递坏消息的人也会被看成讨厌的对象（如图 4-7 所示）。

影响接受意愿的因素：

1. 情绪

2. 场合

3. 双方之间的信任度

4. 说话的时机

情绪：好心情会抵消一部分"坏话"带来的坏心情。所以，当对方心情大好的时候，你指出他的不足、提反对意见或者告诉他一个小小的坏消息，他都更容易接受。反之，如果他情绪糟糕，哪怕一个小小的"火星",都会引发"大火灾"。小朋友跟父母讨玩具时就很懂这一点(如图4-8所示)。

图 4-7 传达坏消息的后果

第四章
精益表达——表达的影响力与感染力

图 4-8　好心情的作用

当然，好心情也有程度的差别。对方只是有些小开心，你却传给他一个噩耗，还是会把他打垮。

场合：提出反对意见的时候，虽然你是在就事论事，但如果旁边有很多人，对方会觉得你的当众否定是对他的羞辱。即便你的意见是正确的，但对方下不了台，觉得没面子，就会恼羞成怒。你是对"事"的，他却觉得你是在对"人"（如图 4-9 所示）。

图 4-9　时机不对

反之，人少的时候、私底下提出的不同意见，由于不妨碍他的面子，也更容易被接受（如图 4-10 所示）。

第四章
精益表达——表达的影响力与感染力

图 4-10 时机正确

双方之间的信任度：你不信任的人指出你的缺点或不足，你会觉得这家伙在针对你；你信任的好朋友指出你的缺点和不足，你会觉得他在帮助你。信任度越高，接受度越高（如图 4-11 所示）。

图 4-11 信任度与接受度

说话的时机：说话时的语境、上下文、新发生的事件，也会影响对方的接受度（如图 4-12 所示）。

图 4-12 时机与接受度

就一次具体的沟通而言,需要综合考虑以上因素。这就是为什么我们东方人的很多沟通问题,西方人很难搞明白。西方人喜欢看细节,关注逻辑和数据;而东方人喜欢掌握"度"。东方人说话懂得把握分寸,恰似做菜讲究火候。

沟通就像做菜,也需要把握分寸和火候(如图 4-13 所示)。

精益沟通
Lean communication

图 4-13 分寸与火候

好厨师是如何逐渐掌握火候的？他做菜时一定有个动作——尝菜，这是他对自己作品的评估。所以沟通中要学会把握到对方的接受度,也要学着"尝菜"——经常关注、评估接收者的反应和反馈。一句话出口,发现对方脸色不好看了,就应该知道话说得重了。下次遇到类似的对象、场合,就不能把话说得那么重。经常关注接收者,说话的分寸就能拿捏得越来越准。

理解能力

对方听得懂吗?

假如有个五岁的小孩问你什么叫婚姻,你只要告诉他:"像你爸爸妈妈这样的关系就叫作婚姻。"但若是十五六岁的少年,对这样的答案肯定不满意,你要告诉他说:"婚姻有个重要的前提——爱情。"遇到一个二十五六岁正在谈婚论嫁的年轻人,你甚至可以问他:"有没有为婚姻的责任做好准备?"可对五岁的小孩讲爱情、婚姻的责任,他听得懂吗?虽然撇开了爱情和责任,婚姻的概念是不完整的,但对五岁的小孩,完整的概念完全听不懂,又有什么意义呢(如图4-14所示)?

精益沟通
Lean communication

图 4-14 理解能力的差异

我们从小到大听过很多这样没意义的话：

长辈会说："等你到我这个年龄你就懂了！"

领导会说："将来你在我这个位置上你就懂了！"

这些话当年我们除了不明就里，只剩一头雾水。所以跟别人说话的时候要说别人听得懂的话。

第四章
精益表达——表达的影响力与感染力

每个人都有自己的专业领域、经验阅历。如果一件事情你经历过而别人没经历过,你就要先告诉别人完整的故事,然后再跟他讨论这件事。一部你看过的电影而别人没有看过,你跟他讲里面的某个情节多么有意思,他不知道你在说什么,但交代了剧情的前因后果后,他就明白了。两个人专业不同,你聊得太深太多,对方甚至会觉得你在装、在炫耀。

评估了对方的接受度,我们就会有意识地调整沟通的目的、目标。对方意愿层面的接受度高,就直说;意愿层面接受度低,就委婉地说或者另挑合适的时机再说。对方理解能力高,就说得透彻一点;理解能力不够,就说得浅显一点。

表达节奏的控制

表达者确定了目标,评估完了对方的接受度,在尝试表述之前,还有一件非常重要的事要做——调频。

大部分情况下,开始对话之前,每个人都在自己的频道上。有些人说话之前,默认别人对自己的频道一定是开着的,所以他们随时随地想说什么就说什么。此时,对方的频道并没有打开,说了也白说。

开始表达之前,先要让对方的频道对自己打开。

出色的演讲者在开始正式的话题之前,常常会讲一个小故事、小笑话,就是为了把别人的注意力吸引过来。大家的注意力都在他身上了,听众的频道打开了,沟通才是有效的。不仅如此,开场笑话一定和主题有一点关联。于是,在听完了这个笑话后,听众也进入了演讲者所设定的上下文背景里了(如图4-15所示)。

第四章
精益表达——表达的影响力与感染力

图 4-15 没有调频和调频之后

打开对方的频道不容易，要让对方始终保持在你的频道里更不容易，因为听者身上有格式塔效应和信息开关效应。

格式塔效应：如果给对方的信息不完整，他就会自动脑补，加入主观想象和判断——说少了，他瞎猜。

信息开关效应：为了避免让他瞎猜，就多说一点、尽量详细。可详细了，对方就发现你讲的一些东西他已经知道了，信息开关效应开始起作用，频道关闭——说多了，他关频道。

那怎么办？

最好就是说得不多不少，只说他不知道的。只提供那部分信息差。可你怎么知道他知道什么不知道什么呢？所以，我们又一次看到了评估的重要性。

> **沟通困境 1**

> 说少了,对方瞎猜;说多了,对方关闭频道。怎样表达才是恰到好处?
>
> 破解之道:在评估对方接受度的基础上,用好 KISS 原则。

在尝试表达之前先了解沟通的对象。如果对对方一无所知,不妨先抛砖引玉(如图 4-16 所示)。

越了解对方,表达的针对性就越强。恰到好处地表达,需要遵循 KISS 原则。

KISS 原则

Keep It Simple and Stupid.

话要讲得既简洁(Simple)又浅显(Stupid)。

Simple 原则

话太多,信息量太大,对接收者而言,就会造成困惑,他们抓不到重点。太多的重点,等于没有重点。

第四章
精益表达——表达的影响力与感染力

图 4-16 抛砖引玉

如图 4-17 所示，这两种老师你是不是都遇到过？

图 4-17 突出重点

所以，口若悬河不一定是好的表达，言简意赅重点才突出。

第四章
精益表达——表达的影响力与感染力

Stupid 原则

Stupid，愚蠢。为什么要把话讲得愚蠢？

乔治·巴顿将军是第二次世界大战（简称二战）时期美国的一位名将，他所率领的团队战无不胜，攻无不克。在著名的巴斯托尼战役中，他指挥士兵仅用 48 小时就突破了德军的重重防线往前推进了 160 公里，把被围的 101 空降师救了出来，成为那场战役的转折点。两天突进 160 公里，破了一项世界纪录，比之前德国人的闪电战快了一倍以上，该纪录一直保持了四十多年。

如此强大的执行力是如何形成的？这需要克服怎样的沟通障碍？二战期间，司令部要往前方部队发号施令主要靠电报，而电报是单向沟通。没有反馈，怎样保证沟通的质量？为此，巴顿将军为自己精心挑选了一位通信兵（如图 4-18 所示）。

巴顿将军的沟通理念是：好的将领不应该要求士兵来适应自己的表达，而是要用自己的表达去适应士兵的理解能力。

如果反过来要求士兵适应将军的表达呢？且不论戎马生涯数十年的经验和阅历，就巴顿毕业于美国西点军校这一点也无法保证每个将士都可以。

图 4-18 适应对方的理解力

第四章
精益表达——表达的影响力与感染力

正因为巴顿这么努力地用浅显易懂的表达来适应他的士兵的理解能力，前线指战员一看就懂，懂了就做，他的团队就有了最强的执行力。

一个有影响力的人不会责怪别人不理解自己，他会努力尝试让自己被别人理解。一个领导者，更有责任让下属理解自己。

所以，把每次遇到的外行或笨人，都当成训练表达能力的挑战吧。

▶ **沟通困境 2**

专业术语能够简洁，却不够浅显，通俗的话浅显但不够简洁，怎么办？

破解之道：针对对方的背景，打比方、举例子。

在面对外行的时候，Simple 原则和 Stupid 原则会发生矛盾。对同专业的人，可以使用专业术语，专业术语的好处是 Simple。遇到外行，专业术语不够 Stupid，对方听不懂，就必须用通俗易懂的话去跟他解释。但是，用一堆通俗易懂的文字描述一个专业概念，Stupid 了却又不够 Simple 了。跟同行两个字就讲清楚的事，跟外行可能要讲几十个字才能说明白。

简洁不浅显，浅显不简洁，这个矛盾如何解决？

打比方：

1954年周总理参加日内瓦会议，为外国记者举行电影招待会，其中放映一部戏剧电影片《梁山伯与祝英台》。工作人员为了使外国人能看懂中国的戏剧片，准备了一份长达15页的影评。周总理觉得内容虽然详细，但他们不懂我们的文化，不一定看得懂。周总理只要工作人员在请柬上写一句话：请欣赏中国的罗密欧与朱丽叶——《梁山伯与祝英台》。果然，电影放映时，观众们看得如痴如醉，不时爆发出阵阵掌声（如图4-19所示）。

《梁山伯与祝英台》剧情复杂，一波三折，跌宕起伏，周总理只用十个字就讲清楚了，既简洁又浅显。

这个方法就是打比方。通过打比方，引用对方头脑里已有的概念，去向他形容一个他不熟悉的概念，有机会大大降低沟通成本。《梁山伯与祝英台》跟《罗密欧与朱丽叶》的核心情节有90%的相似，所以一句话就传递了90%的核心内容，给总理90个赞！

图 4-19　简洁又浅显

评估接收者，不只是关注他当时的状态，还包括对他的过去、知识背景的了解。每个成年人的头脑里都不是一片空白，对方熟悉的事物可以被我们借来打比方，以此让对方了解相似但不熟悉的事物。这样做不仅大大降低表达成本，还让对方觉得有亲切感。

成年人的学习，很少从零开始。通常都是在以往的知识和经验的基础上关联和添加。就好比城市中已经没有空地了，要盖十层楼，一定要推倒已有的七层楼吗？

如果想在对方头脑里，平地起盖一个十层楼，还要先推掉现有的七层楼，这会遇到钉子户，不如在七层楼上加盖三层楼（如图 4-20 所示）。

图 4-20　基础上的关联与添加

遇到跟外行、小朋友、不太聪明的人,讲一遍发现对方不明白,不妨来一句"来,我给你打个比方……"经常打比方,我们的说服力增强,个人影响力也会大大提升。

善于打比方的人,表达力增强了,影响力也更大,团队的凝聚力也会大大增强。每一位出色的领导都善于打比方,"打老虎,打苍蝇",也是一个非常棒的比方。

如果你要描述的事物,有比较复杂的逻辑,那么打比方不够

第四章
精益表达——表达的影响力与感染力

用了,还需要举例子。

比如,怎么对只有小学学历的老爷爷解释"边际效益"?

你开了一家饺子店,工人工资和房租每月5000元,卖一碗饺子赚5元,如果你每月只卖了200碗饺子,虽然收入了1000元,但扣除工人工资和房租还亏4000元,所以每月必须卖1000碗饺子才能保本。1000碗以上,卖得越多赚得越多。1000碗就是边际(如图4-21所示)。

图4-21 边际效益

举例子，要用非常简单易算的数字，来说明逻辑。数字简单，即使逻辑相对复杂，也很容易算清楚。数字逻辑走完一遍，对方就明白了。

表达的节奏

沟通双方的思维速度是不一样的，所以有人节奏快，有人节奏慢。

如果说的一方很专业，节奏很快，听话的一方就会跟不上。说话的人放慢节奏，好让听者跟上，沟通效率才更高（如图 4-22 所示）。

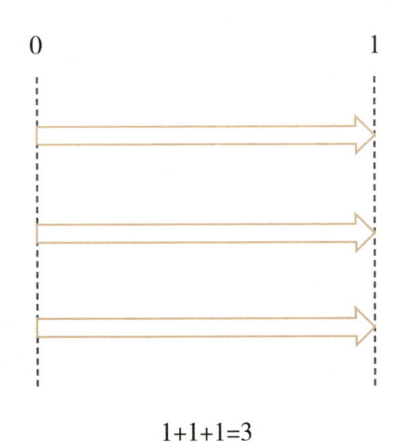

1+1+1=3

图 4-22　把握节奏

就好像往漏斗里倒油，倒太快了就会溢出，欲速则不达（如图 4-23 所示）。

图 4-23 欲速则不达

讲了一遍，发现对方没明白，有人就开始重复第二遍了。同样的内容，为什么重复讲对方还是不明白呢？因为没有关注到对方的反馈。说完了，问一句"听明白了吗？你哪里不明白？"针对对方不理解的部分做出解释，能大大降低表达的成本。

如图 4-24 所示，第一遍后，对方说："前半段懂了，从 0.5 开始晕了。"

第二遍，只要从 0.5 开始就好。"听懂了吗？""这次明白了一部分，到 0.8 又晕了。"

第三遍，从 0.8 开始就容易了。"懂了吗？""懂了！"

1+0.5+0.2=1.7，不仅成本更低了，而且对方终于明白了，效果更好了。因为你开始关注接收者了。

但是1.7倍是最低的沟通成本吗？有没有哪些部分还是被浪费了？

显然，第一段从0.5到1的部分被浪费了，第二段从0.8到1的部分也浪费了，沟通节奏还能进一步改善。不要等说完了再开始关注对方的反馈，随时关注对方的表情，只要看到迷茫的表情，就要放慢节奏。

1+0.5+0.2=1.7

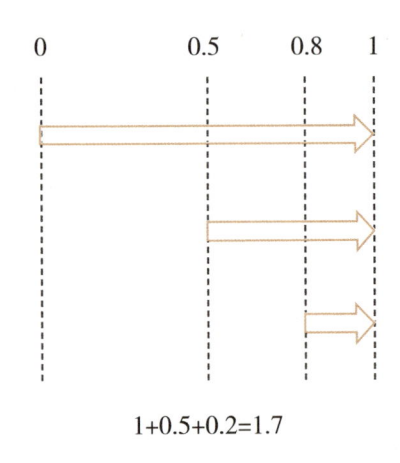

图4-24　1+0.5+0.2=1.7

如图4-25所示，当讲到0.5，对方脸上露出了迷茫的表情，已经晕了，如果还接着讲后面那半段，他根本听不进去，所以立刻问对方"这里是不是你不懂？"针对对方的误区进行解释。讲到0.8，对方脸上再次露出了迷茫的表情，针对性解释，通！这样，几乎只要讲一遍,就通了,沟通成本更低。

一倍的成本就是最低成本吗?还有更低!

关注你的接收者,有时候你遇到的沟通对象比你想象的要专业、聪明。如果评估下来他已经很专业了,那就不需要从头开始讲。

0.5+0.3+0.2=1

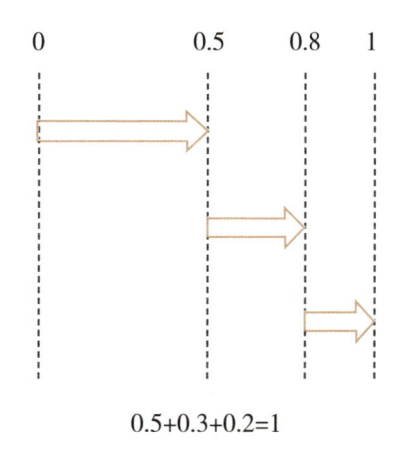

图 4-25　0.5+0.3+0.2=1

如图 4-26 所示,一上来抛出一个概念,让对方先说。如果发现他已经理解到 0.8 了,你只需要补充最后的 0.2 就可以了,这样才是成本最低的沟通。

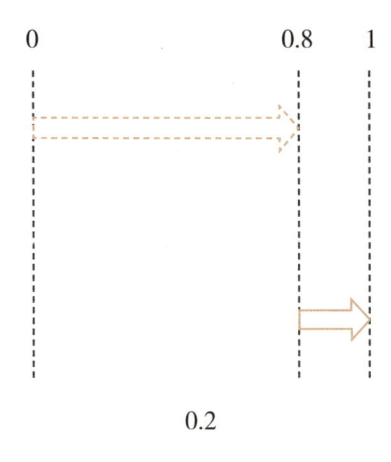

图 4-26　0.2

观察到迷茫的表情，就说明我们的节奏太快，表达不够 Stupid 了，放慢节奏，打比方举例子。观察到不耐烦的表情，这就意味着我们的节奏太慢，表达不够 Simple 了，加快，讲重点。针对接收者的理解能力，既 Simple 又 Stupid 的表达，才是节奏最恰当的表达。

表达效果的评估

说完了,对方表示理解,沟通结束了吗?最后还有一个关键环节——评估。用反馈来保证沟通质量。

为什么对方说他懂了,你也觉得自己讲明白了,还不够呢?因为只要信息不够完整,就会发生歧义。

比如药店的牌子,你是把它念成"××市,长治药店"呢?还是"××市长,治药店"?市长开药店?

"××长治药店""长治药店××店"、字体区分、颜色区分……要解决店名的歧义,方法有很多,这不是难点,最大的难点是要意识到问题。店主挂牌之前一定念了很多遍"××市,长治药店",他怎么都没想到会被误解市长开药店。怎么办?

> **沟通困境 3**

"我说的话会引起怎样的歧义?"陷入自己的思维定式里怎样都出不来,怎么办?

破解之道:借听者的角度发现问题,关注对方的反应和反馈。

当自己无法发现问题的时候,不妨借助别人的头脑。挂牌之前,让身边的小伙伴们每人念一遍,只要有一个人念出了第二个意思,问题也就被发现了。

除了信息误解,还有情绪误解。无意说了一句惹恼对方的话,对方甚至会带着愤怒来兴师问罪,多数人的第一反应就是立刻解释。如果没搞清楚状况,可能会越解释越麻烦。不妨先听清楚对方,看看他到底哪里误解我了(如图 4-27 所示)。

当我们发现被别人误解了,首先想清楚他为什么会误解。只有通过倾听找出原因,才能针对性地做出解释,化解误会达成和解。

表述时,也要随时评估对方的表情。有了关注听者反馈的好习惯,甚至有机会更早避免误会(如图 4-28 所示)。

第四章
精益表达——表达的影响力与感染力

图 4-27 没搞清楚情况

图 4-28 化解误会，达成和解

所以，经常被别人误解也是一种"病"，因为对接收者缺乏足够的关注。

反馈保证质量——真的懂了

有人真的懂了,不懂的傻笑装懂(如图4-29所示)。

怎样保证我们真的读懂了对方?

要保证质量,不能靠感觉,得靠机制、靠流程。你不会把USB口插反了,因为反了根本插不进去。这个产品在做出来的时候,就预防了你插反的动作。

沟通中有什么机制来保证质量呢?方法很简单,就是反馈!

跟上对方节奏

在倾听的过程中,如果听懂了,通过简单的口头语反馈,如"嗯""对"的应答,跟上对方的节奏,支持对方的表达。

如果没有听懂或不太懂,对于有疑问或不清楚的地方,通过提问及时反馈,我的理解哪里不对?请对方放慢节奏,以保证收到完整的信息。

图 4-29　不懂装懂

探究性反馈

听完别人的话,不要太依赖感觉"我明白了,懂了",而是要靠机制——给对方一个探究性反馈:"刚才您说的是×××意思,对吗?"或者"问对方自己的理解,哪里不对?"

可是有时我们遇到的问题比较模糊,怎么办(如图4-30所示)?

图4-30 问题模糊

> ▶ 沟通困境 4
>
> 领导问"听明白了吗?"你不完全明白又不敢正面回答,怎么办?
>
> 破解之道:把"你明白了吗?"翻译成"你打算怎么做?"来回答(如图 4-31 所示)。

图 4-31 探究性反馈

给对方一个反馈来验证,错误就会被避免。经常这样反馈,甚至会让领导感觉到你有举一反三的能力。因为,当你在想"怎么做"的时候,不仅思考了具体的行动计划,还会意识到自己有可能遇到的困难和障碍,需要领导协调相关的资源,甚至提出领导没考虑到的盲点。

> **沟通困境 5**
>
> 遇到既不专业,又说不清楚自己想要什么的沟通对象怎么办?
>
> 破解之道:通过提供"参考方案",再根据对方的反馈不断调整,来逐步明确对方的需求。

真的懂了,就要让他知道

让人郁闷的是,身边的人居然不懂我。更心碎的是,明明懂我却没让我知道你懂我(如图 4-32 所示)。

反馈作为一种评估机制,一方面让倾听的质量得到保证,另一方面也让沟通双方有机会在共鸣中彼此打开心扉(如图 4-33 所示)。

图 4-32　当面表达

有些专业人士不善于表达自己，懂他的人不多，要让对方觉得你听懂了，可以举一反三地反馈，让对方获得价值认同，感觉遇到了知音。

对着真正懂自己的人，他会滔滔不绝，无话不谈。彼此打开了心扉，还有什么问题不能解决呢？

第四章
精益表达——表达的影响力与感染力

图 4-33　懂她就要让她知道

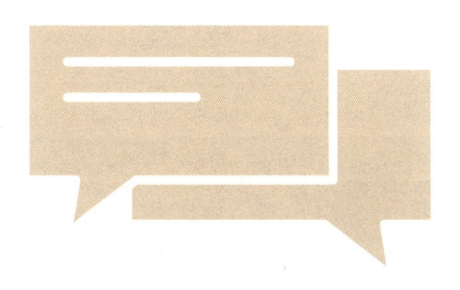

第五章

精益共识沟通
——分分钟心服口服

> 缺乏共识的团队,会成为一盘散沙。让团队成员达成共识,才能凝聚高执行力的团队。
>
> 为什么有人口才很好,总能说得别人哑口无言,却不能凝聚团队呢?因为说服不等于共识沟通。

第五章
精益共识沟通——分分钟心服口服

说服和共识的差别

对事不对人

"说服和共识有差别吗？我说服了对方，我们不就达成共识了吗？"

不错，如果能真正让对方心服口服，也算达成了共识。

但实际上更多的情况是，单向的说服，也仅仅是我们的一厢情愿而已。

我们为什么比较热衷于说服对方呢？因为在沟通中说服了对方，会有赢的感觉："你看，我是对的吧！"有赢就有输，而沟通中谁愿意做输的一方呢？

共识，则是双方互相吸纳意见，最终达成一致的过程，是双向的。

到底要输赢还是要共识呢？

理性的时候大家都会说要共识，但在沟通过程中一不小心就开始为输赢而开战。讨论到最后，什么是对的不重要，谁是对的变得更重要，谁比谁更聪明、谁比谁更权威、谁比谁更专业变得更重要。沟通开始针对人,就容易引起情绪冲突,不欢而散。

辩论赛,目的只是炫技,在没有对错之分时,可以尽情炫技。但是面对现实世界里需要解决的问题,共识更重要!

共识沟通的第一条基本准则——对事不对人!以找到真理、找到共识为首要目标,把个人的输赢放到一边。当你感觉到对方在理的时候,不妨勇敢地说一句"你是对的"。

部分共识与虚假共识

共识沟通常常不是一蹴而就的。彼此心服口服,这是终极目标,在此之前需要包容彼此的不同意见。经过一轮沟通,虽然没有达成充分共识,但是与之前相比取得了一些进展,同样可喜可贺。巩固已经达成的部分共识,步步为营向前推进,更有机会达成充分共识(如图5-1所示)。

第五章
精益共识沟通——分分钟心服口服

图 5-1 达成充分共识

如图 5-2 所示,清朝末年,政府高层已经开始搞洋务运动,以李鸿章为首的洋务派想引进西方的先进技术,洋为中用,但是他们也遭到了保守派的强烈抵抗……

当沟通双方差距很大或者达成共识阻力很大的时候,一次沟通就达成共识是不可能的,不妨先寻求部分共识(如图 5-3 所示)。

图 5-2 洋务运动

第五章
精益共识沟通——分分钟心服口服

图5-3 部分共识

"欲速则不达",太急于求成就容易形成虚假共识。

如图5-4所示,两个人意见不同,一方着急了。

真的达成共识了吗?

对方口服心不服,任务交给他还真的没法放心,因为他会拖拖拉拉、阳奉阴违、消极怠工。

此外,双方地位的差异也容易导致虚假共识。在我们东方人的世界里,对领导、权威、长辈要保持尊敬的态度。因此,当领导、权威、长辈提出自己想法的时候,就算我们有不同意见,碍于面子,也不敢提出来,这就给对方造成了一种"已经达成共识"的假象。

图 5-4　虚假共识

平时我们跟人意见不同的时候会不会一不小心就提高嗓门呢？提高嗓门就是在营造一个虚假共识。对方不想跟你发生冲突，不吭声了，但是并不代表他真的认同你，更多的是口服心不服。

如何避免虚假共识？关键就是要先让对方把他的意见充分谈出来。要争取他的心服口服，就得有耐心，一步一步循序渐进去赢得共识。遇到不同意见，让别人把话说完，了解别人的想法，比较自己的想法。共识沟通实质上是缩小"我"的想法和"他"的想法之间差距的过程。

如果我们做到了对事不对人，对方却做不到，怎么办？我们明明是对的，对方却固执地不认同我们，怎么沟通？

共识沟通中的推力和拉力
——让固执的人改变想法

共识沟通中最怕的就是遇到固执的人,这让我们的沟通遇到不少阻力。所以我们把固执的人作为典型范例,来看看共识沟通中怎样使用巧力,帮助我们更好地达成沟通目的。

固执和主见

漫画中的主角看起来很可笑,但实际上我们每个人跟别人沟通的时候常常如此。我们说服不了别人,就说别人固执;别人试图说服我们,就说自己有主见(如图5-5所示)。

固执和有主见之间有什么差别?有没有什么人既有主见又不固执?

它们之间的核心差异,就是倾听习惯的不同。

图 5-5 固执与主见

有主见的人的倾听习惯是好的,遇到不同意见他先认真听,听完以后觉得对方讲得有道理,会接纳对方的意见。听完了,如果觉得自己的想法更好,就坚持己见。

而固执的人在倾听习惯就有问题。听到不同意见，他们就关闭频道。频道关闭了，不管你怎么打比方举例子，什么信息都进不去，口才再好也很难影响他。

既然怎么"说"对方都不听，那还怎么"说"服呢？既然"说"不服，那就不"说"了，"问"更好！

▶ **沟通困境 1**

遇到固执的人，说什么他都不听，那该怎么办？
破解之道：既然你说他不听，不如你问，让他说。

沟通中的推力和拉力

如图 5-6 所示，遇到一扇怎么推都推不开的门，最简单的办法就是拉开它。

固执的人就是一扇推不开的门。但是我们常常在用粗暴或回避的方式对付固执的人：

- 提高嗓门；
- 用肢体语言向他施压；
- 借助他人施压；
- 置之不理，我行我素；

图 5-6　推力和拉力

我们可以借助这些方式取得暂时的共识,但对方未必心服口服,长此以往,达成虚假共识的概率会越来越大。

怎样才能让固执的人心服口服呢?尝试换一种打开方式,推不动的时候，那就试试拉，这扇门就可以打开。

在沟通中，表达是一种推力，而提问就是一种拉力。遇到有人向你强行推销一样你不想买的东西，他推得越努力，你会越反感，他推得越努力，你越要把他往外推（如图5-7所示）。

图5-7 令人反感的推销

如图5-8所示，强行推销观点的说教，同样令人反感。

图 5-8　令人反感的说教

当你通过表达推销自己的观点的时候，一味强调自己是对的，这就在暗示对方是错的。这会引起对方的抵触和反感情绪，对方首先是容易关闭频道，你讲得再有道理，对方一句都不听，完全不起作用。其次，就算经过一番争论你占了上风，可对方"面子"挂不住了，还是会导致不欢而散。

提问则相反，在推不动的时候，拉一把能起到四两拨千斤的作用。

问题通常会被看作挑战，既然不服输他就要回答，要回答就必然要进到你的频道里（如图 5-9 所示）。

第五章
精益共识沟通——分分钟心服口服

图 5-9　四两拨千斤

留出空间

要拉开固执这扇门，我们自己先要有包容的心态。

如图 5-10 所示，倚靠在推不开的门上，你不可能拉开它。先往后先退一步，留出空间，你才有机会。

精益沟通
Lean communication

图 5-10　退一步海阔天空

　　如果用"我一定要说服你"作开场白，你已经不太有希望说服对方了，因为你的推销很可能已经引起了对方的抵触情绪。同时你也在暗示自己"我是对的，他是错的，不用听他说什么"。那一刻在对方眼里你已经是一个固执的人了。

　　要说服一个固执的人，自己首先必须不是一个固执的人。换另一种开场白："来，咱俩聊聊，看看能不能找到共识。"这个姿态表明："我的频道是开着的，你有意见可以提出来，我会认真倾听的。"你的心扉敞开了,对方的心扉也开始敞开了。当大家都敞开了心扉,才有机会顺畅交流,真正达成一次共识。

那么如何使用巧力引导对方与自己达成共识呢?

明知故问

问题就其目的而言,可以分为两类:

一、不知而问;

二、明知故问。

通常情况下,人们不知道答案才去向别人请教,所以问的多是第一类问题。

为什么要明知故问?其目的不是探索答案,而是引导对方的沟通频道。

在激烈争论中,人们听到问题的第一反应就是回答它,而当对方回答完你的问题时,他也就进了你的频道。当一个人的频道对你完全打开,他已经不是一个固执的人了,你的想法就有机会渗入他头脑。

你问得越多,他说得越多,你掌握的信息越多,对方暴露的漏洞、破绽也越多,你变得知己知彼了,影响说服他的概率也就大大增加。

如图5-11所示,通过提问找到对方的漏洞,你才能一击命中。

精益沟通
Lean communication

图 5-11 提问题

中国古人很早就懂得提问的力量，我们的小学课本里就有一个大家熟悉的"自相矛盾"的故事。那句"用你的矛戳你的盾，

第五章
精益共识沟通——分分钟心服口服

结果怎样?"是说服对方的最后一击(如图 5-12 所示)。

图 5-12　自相矛盾

但提问之前的倾听和节奏把握,却是关键。

说服的关键是知己知彼,因此要控制好节奏,让他把话说完,才能等到一击命中的机会。

每个人都有能力发现自己的错误,一个人如果还没有意识到自己错了,是因为错误隐藏在他思维的盲区里。

遇到意见不同,别着急,让他把话说完。听完整他的逻辑后,有机会看到他自己没看到的盲区。通过提问将对方的视线引导到他的盲区里,让他自己意识到问题,他就会发生改变,而那种改变才是发自内心的,是心服口服的。

问题本身可以分为:

1.封闭式问题:答案是唯一的,是有限制的。比如,"吃了吗?"答案只有两种:吃了或没吃。

2.开放式问题:答案是多样的,没有限制。比如,"吃了什么?"答案有多种可能。

封闭式问题的答案在有限的范围之内,能够有效地引导沟通的进程和方向,让对方一步一步跟着我们的思路走。但是封闭式问题获得的信息量太少。

如果想要获得更完整的信息,了解对方更多的想法,就需要问开放式的问题,"你怎么看?你的理解是?你为什么这么想?"开放式问题有助于我们获得更多的信息,但比较不容易控制沟通的方向。一不小心,对方的回答就跑题了,那一刻就要用封闭式问题把话题拉回来。

连续问封闭式问题会给对方带来比较大的心理压力,给人以咄咄逼人的感觉;开放式问题让对方尽情发挥,充分表达个人情绪。

因此，两类问题可以结合起来使用。

为了引导话题，提问的起点应尽量从对方的话题里找。

人家讲了一堆，而你却突然问了一个毫无关系的问题，他会认为你关闭频道了，会很不爽，于是他拒绝回答你的问题。这样一来提问就不会起作用（如图 5-13 所示）。

图 5-13　答非所问

从对方的话题里寻找线索来提问,这会让对方主观感受到"你是关心我的,你是在乎我的,你在倾听我",这样的问题他更愿意回答,也更容易让他转到你的频道上来。

从对方的频道里找起点,在我们想谈的话题里找终点,找到这两个点之间的关联,就用提问来构建一座桥梁,这就容易把对方从桥的那端接过来了。

保持良好的倾听状态

提明知故问的引导式问题,目的在于引导沟通的频道,因此答案不一定是最重要的。提完问题以后,要回到倾听的状态,倾听就要保持头脑清空,不要预设判断。

如图 5-14 所示,预先想好问题树和答案才去沟通,结果往往让你傻眼。

如果用自己的答案代替对方有可能的答案,我们就失去了良好的倾听状态,这使得我们没有办法准确地评估出他的想法。提问后,评估的重点是对方的想法和"我"的想法之间的差距。尝试的努力在于一步一步拉近双方的距离,最后聚焦在彼此的差异点上,对错之分通常就出现在这里。

如图 5-15 所示,既然人家有道理,那就认可!

如果觉得对方是对的,为什么不认可他呢?毕竟他是对的。记住,共识比面子重要(如图 5-16 所示)。

第五章
精益共识沟通——分分钟心服口服

图 5-14 出人意料

图 5-15　很有道理

第五章
精益共识沟通——分分钟心服口服

图 5-16 达成共识的流程

三句话说服

为了让对方心服口服,人们常用的方法是苦口婆心地耐心劝说。这样做成本很高,效果也不理想。经常苦口婆心,就变得"婆婆妈妈",用心良"苦"却未必奏效。就算自己占了理,却因火候把控不好,最终还把关系搞僵,真是得不偿失。

及时评估对方的状态,并用好三句话,让说服的过程变得恰到好处。

第一句——"我赞同。"

包容他人的意见是一种胸怀,欣赏他人思想的亮点是一种眼光。就算对方的想法并不全对,但总有一部分是对的,甚至有些想法还很独特。

如图 5-17 所示,知音难觅,终于有人懂"我"了。

固执的人其实非常渴望获得别人的认同,别人越是反对,他们就越坚持。只要没有得到肯定的回复,他们就会不断重申自己的观点。当你以对抗的姿态站在他们面前时,他们将拒绝你的一

图 5-17　知音难觅

切观点。不管你的口才有多好，对关闭频道的人完全没有影响力。在对抗状态下，他们更无法看到自己思维的盲区。

既然他们的想法不是百分之百的错误，只要找到一部分正确的想法，就不妨对这部分点赞。一句"我赞同"，会让他们放下对抗姿态，开始听你说。

找到部分共识，并加以巩固，对方放下了对抗，沟通就有机会做到对事不对人。不仅如此，随着差距逐步缩小，更有机会让沟通双方把目光聚焦在关键差异上，不用来来回回绕圈子（如图 5-18 所示）。

图 5-18　砍掉纠结的过程

第二句——"这一点你怎么看?"

即便巩固了一部分共识,在沟通过程中我们又会遇到问题。大部分情况下,我们的第一反应——要说服别人,先把自己的想法抛出来。但其实还有另外一种影响说服别人的策略——让对方先说。

说服对方的两种基本策略:

一、证明"我"对;

二、帮助他找到他错在哪里。

要想证明"我"对,就必须在"我"的频道上。在"我"的频道上要把自己表达清楚这不难,大部分人都能做到。但是,对方关闭了频道,你就是在自言自语,这一点也不酷,还有点二。当一个人觉得自己是对的,又听到不同意见的时候,他直觉会以为对方错了,而对方强调"错误"观点的理由时,通常他会关闭频道,直接忽略对方的论证(如图 5-19 所示)。

图 5-19　说服对方要讲策略

要找到他错在哪里，就必须进入他的频道，理解他的想法。这就需要有良好的倾听修养，要分清对方哪里对哪里错更不容易，所以，如果你能做到，那才够酷（如图 5-20 所示）。

图 5-20 找到对方的盲点

终于找到了对方的盲点，有人会忍不住直接指出来"你这里错了！"此时考验的是对方的接受度，如果对方特别爱面子，虽然意识到自己错了还是会恼羞成怒。

或者，用提问来引导对方的思考："这一点你怎么看？"让他自己意识到"好像哪里不对？！"

我们要相信，每个人在看到全局后，都有能力找到正确答案。对方暂时还没有得出正确结论，只是因为有些重要信息隐藏在他思维的盲区里。我们要做的不是强加给他一个正确的结论，而是把他的视线引导到盲区里，发现正确答案（如图 5-21 所示）。

图 5-21　引导

不过，进入别人的频道是难点。尤其是当自己的思维方式和对方不同的时候，有人会问"万一我听着听着，把我自己头脑里正确的想法忘了，那该怎么办呀？"

但是，你怎么确定你头脑里的想法一定是正确的呢？放不下自己的想法，就很难进入对方的频道，也无法觉察对方到底错在哪里。倾听别人的想法时，要把自己的大脑清空。兼容不同的思维方式，是一种需要修炼的能力，更是一种自信。

第三句——"没关系，你再想想。"

引导对方发现了盲点，这已经非常接近说服对方了。对方很可能已经"心服"了。但此时如果操之过急，却会导致对方"口不服"。

这一刻要评估对方的表情、反应。一个人即将被说服时，他的脸上会出现一个特殊表情"好像哪里不对"，这个表情很可能只停留 0.5 秒左右，转瞬即逝。看到这个表情，不妨来一句："没关系，你再想想。"

孙子兵法曰："围敌必缺！"

眼看胜局已定，敌人如果被围困了，可以故意留一个缺口给他们。否则，反而会激发敌方置之死地而后生的斗志，跟你拼命，那会造成不必要的损失。

眼看要说服对方了，也要给对方留些面子，得理且饶人（如图 5-22 所示）。

图 5-22　胜利在望却功亏一篑

留面子给对方,等一会儿他自己把思路理顺了,面子也放下了,会主动过来说"你是对的!"那一刻他才是心服口服。

沟通中的"阴阳"

万物皆分阴阳,沟通其实也是一个阴阳结合、刚柔并济的过程。

"阳",主动影响对方,表达自己,说,向对方推销自己的观点。

"阴",接收信息,了解对方的想法,倾听、接纳和认同对方。

针对不同的沟通对象,结合不同的沟通场景,灵活应用。遇到强势的沟通对象,"阳"的沟通容易导致"同性相斥",引发矛盾和冲突。所以,对方强势的时候,应该用"阴"的沟通,先

第五章
精益共识沟通——分分钟心服口服

倾听和理解对方的想法。

但这并不意味着简单的顺从。听的过程中，会有机会发现对方思维盲区里的漏洞和破绽，柔中带刚，提一个关键的问题，以柔克刚。

当对方愿意倾听的时候，就可以发挥"阳"的一面，把自己的观点直接表达出来。

但也要注意时不时关注对方的反馈，确保对方跟上节奏，并准确理解（如图 5-23 所示）。

图 5-23　阴阳结合

第一句：我赞同。

第二句：这一点你怎么看？

第三句：没关系，你再想想。

用好这三句话，阴阳结合，刚柔并济，我们更有机会和各种不同的对象达成共识（如图5-24所示）。

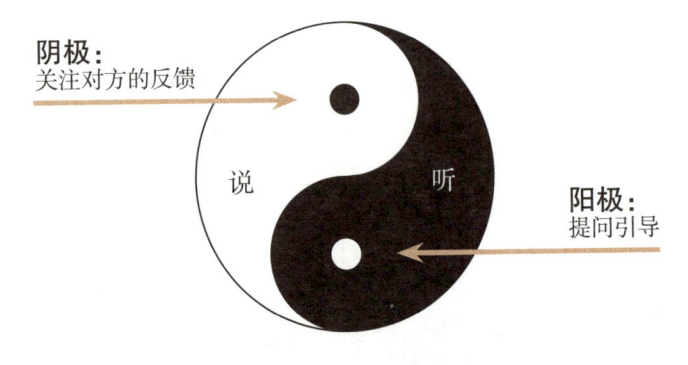

阴极： 关注对方的反馈

阳极： 提问引导

说　听

图5-24　刚柔并济

第六章

冲突与情绪处理
——人类是情绪易燃体

> 人是情绪动物。情绪和欲望为生命带来动力，也常常在人际沟通中制造混乱与冲突。
>
> 情绪还很容易在人群中传播，星星之火不去扑灭，就会形成燎原之势。善于处理情绪，就能有效降低内耗成本。

第六章
冲突与情绪处理——人类是情绪易燃体

遭遇情绪冲突
——对方强势又不讲理，我该怎么应对

如图 6-1 所示，你有没有被这样的老狼欺负过？遇到这样的老狼你要怎么办？你觉得老狼想喝水吗？想吃肉吗？他到底想干什么？

没错，他就是想欺负那只狐狸。

狐狸有没有做一些沟通的努力呢？他尝试了，还使用了提问的方法。在第五章里我们提到，提问是很有效的说服方法，可是狐狸提问的后果更糟！

为什么呢？

如果狐狸按照老狼的剧本走，老狼要杯水，狐狸倒了杯凉水回来，老狼找到了揍狐狸的理由，心情如何？心情好，意思意思，轻轻打一下就好了。可是当狐狸提完两个问题以后，老狼无言以对，恼羞成怒，心情不好，于是恶狠狠地给了狐狸一巴掌。讲清楚了道理，后果反而更严重。

精益沟通
Lean communication

图 6-1 狼与狐狸

第六章
冲突与情绪处理——人类是情绪易燃体

讲赢了道理还挨揍更惨了，如果你是狐狸会怎么办？

很多人遭遇到这种不公，会感到愤怒，于是开始对抗（如图6-2 ~ 6-8所示）。

图6-2 狐假虎威、找靠山、造舆论

图 6-3　抓把柄

图 6-4　设计陷害

第六章
冲突与情绪处理——人类是情绪易燃体

图 6-5 斗到底

图 6-6 武装自己

图 6-7 找帮手

图 6-8 自杀

但是，在尝试了所有这些方法后，"狐狸"发现，最受伤的还是自己。

对抗行不通，能不能讲理呢？（如图 6-9 所示）

第六章
冲突与情绪处理——人类是情绪易燃体

图 6-9 讲理

狐狸讲赢了道理，老狼就更没面子更生气，狐狸更惨。

▶ **沟通困境 1**

遇到情绪化的沟通对象，激烈的沟通方式会扩大矛盾，讲理又讲不通，那该怎么办？

破解之道：先放下对抗的态度。

老狼为什么喜欢打狐狸？因为狐狸符合挨打的两个基本条件：

第一，狐狸打不过老狼，这是挨打的客观事实，但不是关键因素；

第二，狐狸明知道打不过老狼，还总是和老狼对着干，这才是老狼特别想打他的关键因素。

打不过老狼的小动物有很多，老狼为什么针对狐狸？头一天老狼说"叫你不戴帽子"，第二天狐狸还真戴帽子了。这让老狼觉得打狐狸还挺有挑战！更加激发了老狼的兴趣。狐狸越较劲，老狼越觉得有成就感。最终，打狐狸变成了老狼最大的兴趣爱好，狐狸天天要挨打（如图 6-10 所示）。

图 6-10　放弃与反抗

狐狸放弃抵抗，老狼反而放下了。

狐狸越对抗，老狼越执着。

先放下对抗是解决问题的第一步。

回顾我们前面分享的沟通互动效果分析表，面对情绪化的沟

第六章
冲突与情绪处理——人类是情绪易燃体

通对象，或者面对比你强势的沟通对象，先放下抵抗，就是先"你爽、我不爽"，进入"退让"的区域。不要总想着讲道理，因为讲道理而引发争论，争论引发人际冲突，大多情况下会落入"你不爽、我不爽"的"双输"区域，而通过对对方情绪的处理，让对方放下情绪，心情愉悦，双方沟通互动最终进入"你爽、我爽"的"最优解"区域（如图 6-11 所示）。

	我爽	我不爽
你爽	最优解	退让
你不爽	自私	双输

图 6-11　沟通效果分析

情绪处理的方法——哄人八法

放弃讲道理

小时候长辈说"有理走遍天下",我们谨遵教诲,经常跟身边的人讲道理。却发现,有时候讲赢了道理,生活反而变得更艰难。慢慢才明白,维持这个世界平衡的,首先是力量。双方实力差距很大的情况下,道理常常苍白无力。势均力敌的情况下,讲道理才有意义(如图6-12所示)。

跟领导讲道理,赢得"小鞋"。

跟客户讲道理,赢了丢生意。

更何况,有些场合本来就不是讲理的地方,如家里。家是每个人心灵的安全港湾,在家里爱和包容更重要,家是可以一吐为快的地方。一个人在外面遭遇了风风雨雨,心情不好,回到家想一吐为快时,偏偏家里的另一位一定要论个"你对我错"不可,这种沟通异常痛苦。家应该是可以包容冲动性沟通的。

第六章
冲突与情绪处理——人类是情绪易燃体

图 6-12 放弃讲道理

家不是个讲理的地方。

大部分人在心情平和的时候，是愿意讲道理的。但是，当一个人心情不好的时候，你越讲赢了道理，对方心情就越糟，心情越糟就更不讲理。

对此，有两种策略可以采用：

一、等对方心情好了再讲道理；

二、想办法化解对方的坏心情。

如何化解对方的坏心情？

在研究上海家庭的沟通现象后，我们发现，在面对"老狼"时，"狐狸"原来还可以快乐地活着！

上海的家庭很有特色。上海男人是举国闻名的暖男，疼老婆，怕老婆，上海男人解释这种行为方式为"对女人的尊重"。事实上，上海男人的这种特质，根源在上海女人身上。上海女人也有一项全国独一无二的特质——"作。"

"作"，不是做作，也不是"不作死就不会死"的"作"。

所谓"作"，就是当一个人觉得自己很不爽的时候，他不会告诉你为什么不爽，但是会折腾得你很不爽，直到你让他爽为止的行为（如图6-13所示）。

图 6-13 "作"的行为

遇到"作"该怎么办？

> ▶ 沟通困境 2
>
> 遇到"作"的，对抗不行，讲理也不行，甚至诉躲不开、绕不过，那该怎么办？
> 破解之道："哄。"

上海男人的暖男品质，基本上是被上海女人"作"出来的。在和上海女人的长期沟通中，上海男人悟到了一种沟通智慧——"哄。"

"哄"和"骗"有什么差别？俗话说连哄带骗，但"哄"和"骗"有本质的不同。

出发点不同。骗是为了自己，哄是为了双赢。哄是让对方心情好，对方心情好了自己也消停了。当你心情不好时发现家人骗了你，你一定非常难受；如果你心情不好，家人来哄哄你，明知道是哄你还是受用，因为知道他是为了你心情好。

哄不仅需要智慧还需要宽容、大度和关爱。学会哄人是高情商的表现。会哄人了，跟家人、同事、客户相处，都会变得容易。

人心情不好，多是因为心理需求得不到满足。

当一个人想要做一件事情没有做成时，就会有负面的心理能量压抑在胸口。负能量太多人就会变得暴躁。这些负能量会自己去找出口——像老狼一样肆意发泄，打人、骂人，这是有破坏性的。

与其让他自己发泄,不如主动找一个出口宣泄出来,这就是一种"哄"法——宣泄、释放他的负能量。

反之,情绪低落、忧郁,是缺少正能量。我们可以带他们做一些快乐的事情,给他们一些正能量。

下面介绍一下哄人八法:

一、倾听

这是最常见、最有效的方法之一。

倾听除了有接收信息的功能以外,还有一个相当重要的功能就是支持对方情绪情感的表达。对于暴躁情绪而言,一吐为快是特效药(如图6-14所示)。

心理学研究显示,女人更容易受到情绪的影响,也更喜欢发牢骚。所以女人心情不好时,男人能够做得最有爱的事情,就是让她一吐为快。女人不是不懂道理,女人心情好的时候都很懂道理。但那一刻不需要道理,让她一吐为快就好。

同样,领导、客户、同事心情不好的时候,也不要急着讲道理,先让他们一吐为快。

精益沟通
Lean communication

图 6-14 激发了潜能

二、认错

有些人喜欢翻旧账，他最早可以追溯到三年前、五年前、十年前，甚至认识你的那年。为什么会翻旧账？因为你不认"新账"（如图 6-15 所示）。

图 6-15　新账旧账

三年前那件事情讲那么多遍还在讲，因为那件事情铁证如山是你的错，讲这么多无非就是想听你说一句"我错了"。讲到三

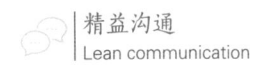

年前的时候，怒火已经燃烧为熊熊烈火。讲完三年前还不解气，还有五年前、七年前……

何时灭火最容易？趁火苗还小（如图 6-16 所示）。

图 6-16　灭火的时机

认错是一种非常重要的能力。当对与错不是原则性问题时，争赢了道理，却可能输掉感情。越早认错，沟通成本就越低。

夫妻、情侣、家人之间，常常会因为一些琐事争执起来，这些事大多没有原则性对错。所以，先认错的一方常常不是因为他们真的错了，只是因为他们更在乎对方。

三、赞美

也就是俗称的"拍马屁"。

人被赞美心情就大好，心情一好，不愉快的事也就忘了。赞美不仅可以化解负能量，甚至可以把负能量转化为正能量（如图6-17所示）。

图6-17 呆萌的小男生

善于赞美的人就像一个小太阳,所到之处阳光灿烂,给团队带来灿烂的氛围,整个团队的生产力也会提高。

打球时看到队友打得出色,喝一声彩,既是对他人士气的激励,也有助于培养团队的友情。你鼓励他,他鼓励你,球队就越打越好。反过来,球队打得不顺时,你批评我,我也批评你,球就会越打越不顺。有好的团队氛围,战斗力才更强。

四、转移频道

有些话题讨论下去无论如何都尴尬,让人心情更糟,不妨转移话题,谈他感兴趣的其他话题,甚至还可以转移环境,带他出去走走看看、散散步(如图6-18所示)。

把他的注意力转移到一件能让他开心的事情上,他就会渐渐淡忘不开心的事。

如果你有一个好朋友刚刚结束一段感情,没法出来,你会怎么办?跟他说:"你应该怎样怎样。"他根本不会听。不如先哄哄他,让他对着你一吐为快甚至大哭一场,然后一起去做一些正能量的、开心的事情,没多久他就会从伤心记忆里走出来。

五、请客送礼

这和行贿受贿有什么差别呢?

请客送礼不在花钱多少,关键在心意,千里送鹅毛礼轻情意重,具体取决于你对对方有多大的诚意。你了解对方的需求、愿望,不一定要很贵重的礼物就能够让别人记忆深刻。现在逢年过节大

第六章
冲突与情绪处理——人类是情绪易燃体

家互相问候，微信简便易操作。但有时收到的一些信息就比较没有诚意，看半天发现上面名字还不是你。

图 6-18　转移频道

如图 6-19 所示，想到他为了寄这张贺卡所付出的所有努力，一张小小的贺卡，传递了浓浓的情意。

图 6-19 礼轻情意重

礼轻情意重，关键在于心意。一个不超过 10 元的微信红包，效果一定比一堆花哨的问候语好很多。

六、认同

如图 6-20 所示，怨念太重，停不下来啊！

有人反反复复讲一件你表示已经知道的事，目的就不是传递信息了，而是求认同。他不想听"我知道了"，他期望的回应是"你是对的"。被别人认同是人发自内心的强烈的愿望，甚至有人把

第六章
冲突与情绪处理——人类是情绪易燃体

他看得跟自己的生命一样宝贵。只要没有被认同，他们就会反反复复念叨同一件事。

图 6-20　怨念太深

所以，聪明的做法是及早认同他们。被认同了，他们也就消停了，沟通成本降低！

七、满足需求

人有时候心情或状态不好，就是一些小小的需求没有被满足所导致的。你也许觉得这是个小问题，但是在对方心中就是个大问题。

有位女士母亲很早就过世了，父亲一个人独居，她每个月都会抽时间去看望。每次到父亲家里，就会发现有个问题，父亲在桌子上烧开水，水壶边上总是有一摊水，看着很脏。这是因为父亲用热水壶烧水总是太满，所以水沸腾的时候就溢出来。为此这位女士总是跟父亲唠叨，这样弄得很脏，也容易漏电。父亲也一直解释说只有多烧水才可以一次把保温瓶灌满。为此事他们经常闹得很不愉快。直到身边有同事提醒她，为什么不给父亲买个大点的热水壶呢？她才恍然大悟。事后反省说："我一直觉得自己是个孝顺的孩子，但是这么力所能及又对父亲很重要的事情，我却始终没有关照到，而总是想改变父亲的习惯。"

我们身边的家人也有一些小小的心声，这些事情对他们来讲是重要的，我们却不在意。往往第一个想法就是既然我的想法是对的，我就要去改变他，而不是去听他的心声，满足他的需求，在这一点上满足需求不是难点。听他的心声，才是难点。

八、安慰性承诺

重点不在承诺而在于安慰，对方在乎的是态度，承诺本身甚至无须兑现（如图 6-21 所示）。

图 6-21　承诺与态度

爱不应该斤斤计较,虽然你活不了一万年,但是你表达的态度"爱,远远超过我的生命"这个才更重要!

承诺本身不是重点,态度是重点(如图 6-22 所示)。

图 6-22 态度的重要

承诺性安慰——对方觉得你明明有能力,却迟迟不兑现承诺,这反而说明你缺乏诚意。

为什么安慰性承诺这么"虚"但人们却爱听?

领导、家人、客户有时候会提出一些不合理要求，其实他们自己也很清楚这样的要求不合理。那为什么还是提出？因为那一刻他们不爽了。这时候继续讲道理，得到的只有"叫你不戴帽子"了。那一刻，他们就希望你表达一个态度。态度好了，一切好说。

小智慧与大智慧

小智慧是用来跟人斗的，大智慧能把身边的每一位伙伴都变成资源。好伙伴彼此信任，资源就能最大限度地共享。

让别人有"赢"的感觉，人们就愿意主动来找你合作（如图6-23所示）。

小智慧跟人斗，每赢一次，有成就感，得小利，但是多了一个敌人。日积月累，某天被人算计吃了个大亏，都不知道是谁干的，为什么？树敌太多了！

大智慧吃小亏，赢得的是友情，更多人支持你。当你身边的每一位伙伴都觉得你这个人很好，值得帮助，那一刻你就接近无敌了。

若非原则问题，乐于成人之美！

当别人需要安慰时，给他们情绪上的支持。

当别人提出的小小请求，对我们来说只是举手之劳，而对对方却是雪中送炭，何不成人之美？

图 6-23　小智慧与大智慧

现在换个角度来看老狼和狐狸的故事。如果觉得自己是受害者，狐狸会倍觉委屈。但是，我们身边的老狼不讲理，多是因为心情不好，需要帮助。所以，你不是受害者，你是在帮助他们。

（1）小狗对着你"气势汹汹"，其实是一种紧张情绪的表达。（2）你温柔地对它张开双臂，它就放下了紧张情绪。（3）摸摸头，乖。（4）现在它觉得可以依赖你了（如图6-24所示）。

图6-24 紧张情绪的表达

你身边的很多人，在心情糟糕的时候也和这小家伙一样。如果每次他们心情糟糕的时候,都能在你这里得到安慰,这会让他们对你产生依赖感。久而久之,你就成了他们离不开的人了。

当然这里有一个前提:若非原则问题,乐于成人之美。如果面对的是原则问题,情况就不一样了。

第六章
冲突与情绪处理——人类是情绪易燃体

直面冲突坚持原则
——应对"一哭二闹三上吊"

"一哭二闹三上吊"

用正常方式无法达成沟通目的时,有些人会采取一种特殊的方式把事情"搞大",来吸引人们的注意力,并借此向对方施加压力,以图达成自己的目的。通俗来讲,就是"一哭二闹三上吊"(如图6-25所示)。

正常沟通无法达成的沟通目的,有时候可以借助激烈言行来达成。所以激烈言行的背后,通常会隐藏一个上不了台面的要求(如图6-26所示)。

但是,激烈言行很容易引起对方的误解,并激化对方的情绪,最终把矛盾激化为冲突。

人心情不好时,安抚他,哄他,满足他的需求,是出于善意。但是这种善意会被人利用。

"会哭的孩子有奶喝。"表面上看,有奶吃,孩子不闹了。但是,息事宁人,带来的是更大的麻烦。孩子发现每次他只要一

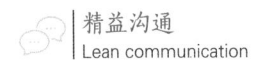

闹就有得吃，他就会不断用哭闹的方式，达成自己不合理的主张。这助长了他的恶习和坏脾气。

图 6-25 极端方式

"一哭"

孩子在一岁左右就懂得通过假哭来谋求不合理要求的满足。一旦愿望没有达成，就会用最本能的方式——哭闹来表达他的不满。如果这时候，家长放弃了原则，满足了孩子的不合理要求，原则和底线就开始失守了（如图 6-27 所示）。

图 6-26 隐藏的要求

图 6-27 "一哭"

"二闹"

三五岁的孩子已经很善于观察他人的表情了,他能够从成年人的表情里读出微妙的情绪信号。当他发现自己的哭闹会让父母在外人面前觉得很尴尬,就会更肆无忌惮地以此向父母施加压力。此时,父母在管教孩子的问题上,已经非常无奈了(如图6-28所示)。

图 6-28 "二闹"

"三上吊"

在和父母的博弈中,孩子渐渐发现单纯的招数使用很多次会失去作用,哭闹越来越难影响到父母了。但是无意中他们领悟到"我本身才是父母最紧张的目标!"伤害自己能够起到最大的威慑作用,这就是"三上吊"的节奏(如图 6-29 所示)!

图 6-29 "三上吊"

第六章
冲突与情绪处理——人类是情绪易燃体

更糟糕的是，在一个群体中，一个孩子的哭闹得到了奖赏，还会给其他孩子一个坏的榜样——想吃奶，那就拼命哭闹吧！然后，所有孩子都哭闹了。"让会哭的孩子有奶吃"这种试图减少麻烦的措施，反而带来了更大的麻烦。

所以，非原则问题可以成人之美，但原则问题就不能成人之恶！

> ▶ **沟通困境3**
>
> 面对"一哭二闹三上吊"的行为，施压会扩大矛盾，"哄"又会助长对方的恶习，该如何处置？
>
> 破解之道：认真但别当真。

第一步，区分真情绪化和假情绪化

一个人真的遭遇情绪问题而且自己无法解决的时候，我们向他们提供帮助，"哄"，这是成人之美的善举。

但是，有人却会利用别人的善良，假借情绪化的表达方式，声张不合理的诉求。因此，在激烈言行中，情绪化只是表面现象，是借以向他人施加压力的手段。

假情绪化最大的特征是夸张性。

夸大才更容易引起别人的注意，才更容易获得同情，更容易达到他们不可告人的目的（如图6-30所示）。

图 6-30 夸大

假摔助长败坏了球场风气，让比赛不公平。所以国际足联决定要制止这种行为，假摔也要给黄牌。

如果你发现对方的表演和他遭遇的真实痛苦之间有明显的差距，太夸张了，就有必要质疑这是不是激烈言行了。面对激烈言行，有效的处置原则就是"认真但别当真"。

第二步，认真——给予足够关注

为什么要认真？激烈言行的特征，首先是吸引注意力。如果得不到应有的关注，他们会制造更大的动静来引起人们的注意，这会让麻烦扩大，成本增加。

认真地倾听他们，努力了解他的想法。但不能只听信他的一面之词，兼听则明，还必须从其他相关人员那里获得补充的信息。

关注上下文。之前发生了什么？他到底想要做什么？通过关注上下文，有机会了解到他的真实意图。

第三步，别当真——揭底牌

为什么别当真？把他的虚假表演当成真事，就得满足他的不合理需求。这一次被满足了，必定有下一次。不当真，前提是了解表象下面对方的真实意图，并把他不可告人的实质要求揭示出来（如图 6-31 所示）。

有道是"可怜天下父母心"，但是还有一句话说"可怜之人自有其可恨之处"。女儿已经成年，老母亲心疼她，还要不断给她钱，确实可怜。可是，这样的女儿，不正是这位母亲惯出来的吗？不只是父母要为她付出代价，记者、警察、整个社会……都要为她付出代价。

会哭的孩子有奶吃，表面上看起来降低了沟通成本，息事宁人，但从长远的角度上来看增加了沟通成本。

原则问题，不能成人之恶。

图 6-31 揭底牌

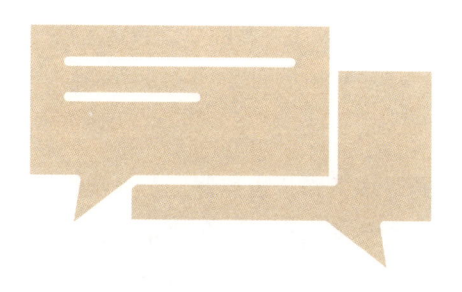

第七章

持续改善的精益沟通
——沟通是人生的必修课

本章是这本书知识内容的使用手册。第一节是关于个人的长期修养，如果你想把精益沟通当成一辈子的修炼的话，那可以参考第一节的内容，结合自己沟通习惯的短板，制订一个长远的沟通行为习惯改善计划。第二节是沟通困境的解决办法，你不需要系统地去读，只是当你在沟通中遇到一些麻烦的时候，可以参考相应的内容，直接从其中提取解决方案。第三节是从组织层面谈沟通，如果你希望把精益沟通的价值进一步放大，不只是自己受益，还想让你的家人、同事、合作伙伴都受益的话，那么就可以参考第七章的方法和原则，把精益沟通传播出去。

第七章
持续改善的精益沟通——沟通是人生的必修课

关键习惯
（19项沟通好习惯）

沟通确实是人生的必修课，不管走到哪里，有人的地方，就会有沟通。而本书作者研究沟通15年，还在不断精益的过程中，所以沟通对每个人而言，都有持续改善的空间。

为此，我们将书中沟通的要点重新梳理，从自我反省、关注对方及关联彼此三个角度，整理出19项沟通的好习惯，以便读者能够有意培养自己的沟通习惯，对沟通进行持续改善（如表7-1~表7-3所示）。

表7-1　自我提升

关键习惯	推荐关注度	适用情境	操作指引	参考内容
评估和调整目标	★★★	想好了自己的目标后，还没正式谈之前	1. 回忆对对方个性特征的了解以及当下的情绪、场合等 2. 想想沟通后对方会有什么反应，是否能接受 3. 判断是否需要调整目标，或取消此次沟通	29-30页

续表

关键习惯	推荐关注度	适用情境	操作指引	参考内容
评估和调整目标	★★★	尝试完了,不知道对方是否能接受	1. 观察对方的反应和变化 2. 如果与自己的目标还有差距,且达成目标难度很大 3. 及时调整自己的目标	33–34页
规划和调整循序渐进的沟通目标路径	★★	想好了自己的沟通目的,当我们感觉要直达目标十分困难时	1. 明确自己最终的沟通目的是传递信息、交流情感还是促成改变 2. 注意发挥沟通目的的台阶作用,尽量避免缺失某个目的 3. 随时根据评估的结果来调整目标达成的路径	26–28页
		想通过沟通让对方能够改变一些观点、想法和行为,感觉对方发生改变的难度比较大或试过不成功	1. 将总目标拆分为N个小目标 2. 每次沟通争取促成一点改变 3. 通过多次沟通,逐渐缩小与目标的差距	151–153页
"!"变成"?"	★★★	看到事情我很容易下判断,结果发现自己被误导了	1. 把之前的判断先放下 2. 询问自己:他为什么会这么做 3. 直到探索到更为合乎情理的原因再下结论	73–74页
决策前判断信息完整性	★★	想要做重要决策之前,还不确定自己接收到的信息是否完整	1. 整理出决策所需的关键信息 2. 参考决策收益及成本的基础上,主动收集尽可能完整的信息 3. 在执行尝试中,继续关注未收集完整的关键信息,以调整策略	85–86页
对情绪的自省和驾驭	★★	当遇到一个自己不喜欢的人,或自己心情不佳时,对方说的话都听不进去或者带着厌恶的情绪倾听时	1. 询问自己:有情绪干扰我吗 2. 如果发现有不良的情绪干扰,警惕自己走入情绪道口 3. 尝试隔离情绪 4. 多问自己"他为什么这么想/做""要怎么办?"少抱怨"都是他的错!"	74–79页

第七章
持续改善的精益沟通——沟通是人生的必修课

续表

关键习惯	推荐关注度	适用情境	操作指引	参考内容
控制表达欲，不唠叨	★	一通倾诉后发现对方不耐烦或者显露出不悦的表情	1. 通过对沟通对象、场合的评估——看来面对这位对象或者在这种场合下，不适合倾诉 2. 中止倾诉话题，或转移话题	102-104页
		当说了发现对方没听或者听了也不做的时候	1. 停止没必要的唠叨 2. 如果必须继续沟通，确保在对方打开频道的情况下进行沟通，并且盯住结果	45-47页
原则问题，坚持到底	★	当对方直接提出或暗示不合理的要求	1. 言明自己的原则底线 2. 如对方暗示，则洞察对方的真实需求 3. 明示/暗示触及底线的后果 4. 评估到对方的不合理诉求松动时，转移话题，给对方一个台阶	215-221页

表7-2 关注对方

关键习惯	推荐关注度	适用情境	操作指引	参考内容
评估对方接受度	★★★	接受意愿：说之前，不确定自己该不该说，说到什么程度	1. 依据对对方的了解，评估对方是否能够接受自己的沟通目的 2. 如果有可能引起对方负面情绪或者不接受，放弃沟通 3. 如果对方因情绪、环境、心境干扰对该话题接受度较低，则先不提这个话题，等对方接受度够高时再提	105-115页

续表

关键习惯	推荐关注度	适用情境	操作指引	参考内容
评估对方接受度	★★★	认知能力接受度：面对不同沟通对象的时候，说之前和说的过程中，不确定对方能否理解	1. 说之前初步评估对方的综合情况（学历、专业、年龄、文化等），调整自己的语言表达深度 2. 尝试后观察对方的表情反应 3. 如果对方露出迷惑或不耐烦表情，则主动寻求反馈，重新评估对方的理解能力，继而调低或调高语言表达深度 4. 若评估后发现双方认知差距太大，可停止本次沟通，重新调整沟通目标	115-117页
关注频道差异，随时调频	★★★	关闭频道的预判：开始说话时，不知道对方是否在听	1. 观察对方的状态是否在线 2. 评估调频的难度 3. 沟通之前尝试让对方打开频道，如聊对方感兴趣的话题 4. 确认频道打开再说	118-119页
		关闭频道的觉察与节奏调整：说的过程中，不知道对方是否在听或听懂了自己的话	1. 尝试过后需要观察对方的反应 2. 如果对方反应不如预期，需要有意识地调整频道，用对方能接受的语言 3. 调整后尝试再观察，直到找到一些同频道沟通的话题	47-48页
		争夺频道的觉察：说的过程中，出现两个人就一件事都想说服对方的现象	1. 先有意识停下来，倾听理解对方的话 2. 等对方说完，对对方的表达做理解/认同，再开始尝试说自己的话 3. 注意控制自己的情绪和节奏	49-50页
		频道分叉的觉察：说完了，发现对方理解的内容与自己想说的有些不一样	1. 说完了要问问对方如何理解自己的话 2. 如果意思上有偏差需要调整表达方式补充解释 3. 再问问对方是否理解	50-51页

第七章
持续改善的精益沟通——沟通是人生的必修课

续表

关键习惯	推荐关注度	适用情境	操作指引	参考内容
关注频道差异，随时调频	★★★	站在第三方立场评估：作为第三方，观察正在沟通的双方是否处于同一频道	1. 关注沟通双方的频道是否有差异 2. 适时地提醒或引导双方进入同一频道	38–40页
听完给反馈	★★	当听到对方说完了	1. 用自己的理解重新组织语言跟对方确认 2. 如果有偏差，提出不理解的部分请对方说明	143–145页
避免批判性反馈	★	当听到对方说的话与自己的话有冲突	1. 不急于否定对方的基础上表达自己观点 2. 寻找彼此沟通的共识部分，确保自己的表达是对事而不是对人 3. 寻找双方的关键差异进一步说明	172–179页
关注接收者反馈	★★	说完一段话，不知道自己说清楚了没	1. 观察接收者反应 2. 当彼此默契度不高时，不要问"懂不懂"，要问"你打算怎么做？"/"你是怎么理解的？" 3. 让接收者给一些反馈，听听他的理解	135–138页
得理且饶人	★	表明了自己的观点后，观察到对方观点有所松动时：若有所思的表情、语气语速放缓等	1. 先停止表达 2. 评估对方的情绪状态 3. 留时间给对方思考，有意地给对方台阶 4. 待合适时机评估沟通结果	179–180页
不和情绪化的人讲道理	★★	说的过程中发现对方有强烈的情绪	1. 停止讲道理，即使认为自己有理 2. 尝试调整平复自己的情绪 3. 尝试帮助对方缓解情绪，使用"哄人八法"促进和谐的沟通氛围	194–197页
非原则问题，成人之美	★	说话时发现对方表现出一些小的需求，如想被称赞、被关注等	1. 判断是否有悖自己的原则和目的 2. 不是原则问题，尽量配合对方的需求 3. 营造积极正向的沟通氛围	211–214页

表 7-3　关联彼此

关键习惯	推荐关注度	适用情境	操作指引	参考内容
说"人话"	★★	需要跟外行或者认知水平较低的人说话	1. 避免专业名词或者生僻的概念 2. 使用对方能接受的语言说话	123–125 页
打比方举例子	★	需要解释一个专业或者复杂的概念/事情	1. 用生活化的比喻或者例子进行解释说明 2. 给予评估，用对方熟悉的事物打比方或举例子说明	125–129 页
遇到分歧，先求同	★★★	希望与他人达成共识，但总有一些内容双方都有自己的见解	1. 找到双方都认同的部分 2. 巩固达成一致的部分 3. 澄清和对方的关键差异	172–174 页
遇到阻力，用拉力	★★	与固执的人说话，怎么说对方都听不进去，还坚持自己的想法	1. 先听对方说 2. 在对方的话里面找到一些疑问 3. 提出疑问让对方解答 4. 问到对方自己发现问题	175–179 页

1. 自我提升：

（1）评估和调整目标

（2）规划和调整循序渐进的沟通目标路径

（3）"！"变成"？"

（4）决策前判断信息完整性

（5）对情绪的自省和驾驭

（6）控制表达欲，不唠叨

（7）原则问题，坚持到底

2. 关注对方

（1）评估对方接受度

（2）关注频道差异，随时调频

（3）听完给反馈

（4）避免批判性反馈

（5）关注接收者反馈

（6）得理且饶人

（7）不和情绪化的人讲道理

（8）非原则问题，成人之美

3. 关联彼此

（1）说"人话"

（2）打比方举例子

（3）遇到分歧，先求同

（4）遇到阻力，用拉力

持续改善的工具
——解决沟通困境的 N 把武器

本章第一节是我们如何积极主动地修炼自己的沟通习惯，这一节我们探讨的是当我们遭遇沟通困境时，如何寻求破解之道？

沟通困境 1：言多必失，经常说不该说的话，怎么办？

说话说漏嘴了，让人知道了自己的底牌；说得太忘我了，没有照顾到周围人的感受，误伤别人，都属于言多必失。反之"不说话"或者"话太少"，往往又达不到沟通的目的，还容易让沟通氛围变得很尴尬。

破解之道：建立"思考循环"的习惯。

所谓"言多"不是看话语的数量，而是要站在接收者的角度做评估，建立"思考循环"的习惯。

1. 沟通表达前先思考沟通的目的，如我为什么要沟通？通过这次沟通我期望达到什么效果？

2. 试着站在接收者的立场评估一下：接收者对本次沟通有什么期望，希望从我这里得到什么信息？考虑对方的接受能力，为了达到我的沟通目的,最精简的表达方式是什么?

3. 在执行循环中调整:"思考循环"中对对方的评估判断也许是有偏差的,需要在"执行循环"中做进一步的调整。我们觉得自己的表达不算"言多",结果并不过分,但当我们说出去后,对方的反应很激烈,那一刻我们要觉察到自己"言多"了,我们要及时调整自己的沟通节奏,做到精益沟通。同时也调整对对方的认知,使得下次对对方的预判更准确。

沟通困境2:沟通耗时太多,成本太高,怎么办?

与人沟通时讲不清楚表达重点,陈述内容发散。内行对着外行,怎么说也说不清楚,沟通成本高。工作会议沟通话题不聚焦,大家各说各话,或者围绕一个细节点不停地重复讨论,会议成效低下。

破解之道:通过执行循环砍掉不必要的沟通成本。

1. 通过执行循环让沟通越来越精益,关注接收者,关注彼此信息差,对于大家都明白、了解的就不用再说了,只说别人不知道的。

2. 每一次沟通结束后,通过评估接受者的反馈,反思自己沟通表达中多余的部分,做到持续改善。

沟通困境3:关心对方,想要对对方负责,就会变得唠叨,唠叨却会引起对方的抵触,怎样沟通,不用唠叨也能让对方听进去?

在日常工作生活中,我们有父母、子女、管理者等角色,职责所系，要为子女、父母、员工负责，难免会偶尔有千叮咛、万嘱咐的唠叨，引起对方的抵触，沟通目的没达成，通常我们会加强沟通，更唠叨，进入唠叨—抵触—再唠叨的恶性循环。

破解之道：留意对方是否关闭频道，引导对方打开频道再沟通。

1.营造良好的沟通氛围，确保对方频道打开再开始正式沟通。

2.在沟通过程中，时刻关注对方，开展基于双向互通的沟通。

3.表达完成后，通过评估对方的反馈，确保对方是否听到并听懂信息。确认对方听懂后，就不用再重复唠叨。

比如，作为管理者，准备发布一项重要任务，先确保员工打开频道，再开始发布任务。同时在沟通过程中，保持与员工的互动交流。任务发布完成后，请员工反馈一下，刚才的任务是什么，具体有哪些关注点。长此以往，有评估、有表达、有反馈，形成部门良好沟通习惯，员工不会随意关闭频道，管理者也不用再重复唠叨。作为管理者，话不多，控制自己的表达欲，表达更精益，本身就在提升个人的威信和影响力。

沟通困境4：提不同意见容易伤感情，忍着不说又不能解决问题，"鱼"和"熊掌"如何兼得？

会议中大家因为意见不同，刚开始是对事的争论，后来上升到对人的不认同，产生人际冲突。还有另一个维度的极端情况，会议时明明彼此有不同观点，因为害怕破坏人际关系，又不表达出来，看似你好我好大家好，但会后又不执行。

第七章
持续改善的精益沟通——沟通是人生的必修课

日常工作中，领导安排了一项任务或定了一个目标，我们有不同意见，表达吧，又怕领导不悦，如何跟领导沟通呢？

破解之道：关键是做好人事分离。

关于在会议沟通中如何做好人事分离，做到以下三点。

1. 沟通过程中时刻保持觉察，确保自己的沟通内容是对事不对人，保持对人的支持和对事的客观讨论。

2. 在会议中有意识地安排主持人或第三方的力量，让他们站在中立的角度，冷静评估当事双方的情绪，并及时喊停，确保双方就事论事地讨论。

3. 为了确保对方接受"事"的层面的不同意见，要持续巩固"人"的层面的信任度。

关于在具体任务和目标上，和领导意见不一，如何做好人事分离，可以参考以下三点。

1. 确保沟通过程让领导觉得你是对目标结果负责，而不是争强好胜地证明自己对。

2. 评估领导的接受度、彼此信任度以及任务目标的重要程度，如果不是原则性的事情，可说可不说，就尽量不说；如果领导接受度低，我们就提供基础的客观信息补充；如果领导接受度高，我们又彼此信任，那就可以把我们对未来的不同预判也让领导知悉。

3. 沟通讨论的最终决策权在领导手里，一旦决定，不管是否与我们认知相符，都绝对执行。

沟通困境 5：说少了，怕对方听不懂或瞎猜，说多了对方又嫌我烦，怎么办？

在工作中，领导发布指令，讲了两点，部分信息未说明，员工对未收到的信息就自动脑补，造成工作结果出现偏差。另一方面，如果领导把价值、目标、行为标准等讲得很清楚，员工又认为啰唆。给员工培训也是如此，讲得不细致，部分新人听不懂，讲细致了，职场老手不耐烦。很多时候多讲或者少讲，对沟通双方都是困境。

破解之道：精准定位信息差，做针对性的精益沟通。

在尝试表达之前先了解沟通对象对信息的掌握情况，不妨先抛砖引玉，精准定位信息差，表达的针对性就越强。比如之前讲到的新员工培训，讲之前先评估一下，可以先抛几个专业概念评估一下，如果对方有认知，只需要补充对方不知道的部分，这样一来，我们的表达成本下降，效益提升。表达通过精准定位信息差，针对性的表达，才是精益的表达。同时恰到好处地表达，需要遵循 KISS 原则。Keep It Simple and Stupid，话要讲得既简洁又浅显。

另外，信息接收方通过提问进行评估反馈，评估收到的和对方发出的信息之间是否有差距，避免对方瞎猜。比如，在工作中，领导安排下属复印一份资料，并未做其他交代，作为下属，需要通过提问，确认复印资料的用途，了解到是集团分管领导来检查工作，那就可以通过反馈确认是需要单面彩印，且装订完成后放到二号会议室，如此互动，就是精益沟通。

第七章
持续改善的精益沟通——沟通是人生的必修课

沟通困境6：沟通中，人们更喜欢在自己的频道里，怎样让沟通双方愿意进入对方频道来逐步形成默契？

每个人在自己熟悉的领域，也就是自己的频道里，都有表达欲，表达结束后也很有成就感。而对自己不熟悉的领域，听别人表达，听不懂，没有成就感，也就不愿意继续沟通。当双方熟悉的领域不同的时候，就会各说各话，无法形成默契。

破解之道：关键是寻找共同话题或兴趣爱好。

两个人不默契，聊不起来的原因主要有两个：一个是不愿意聊；另一个是认知差异大，找不到可以共鸣的话题。

1. 先建立彼此沟通的意愿：相比有共鸣的话题而言，找到共同感兴趣的话题更容易一些，如天气、时事、趣事等。通过这些话题，让彼此有意愿沟通。

2. 拓展彼此共有的知识面：如果我们对对方的话题不是很熟悉，可以先做个好的倾听者，这既能提升对方的沟通意愿，也能让彼此共有的知识面得以拓展。共同关注或感兴趣的领域越来越多，久而久之就会形成默契。

沟通困境7：经常过早判断甚至误解别人，该怎么办？

碰到已知的，自认为没有价值的，我们会关闭频道；当信息不完整时，又自动脑补，基于此，往往容易造成过早判断。判断下得越早，发生误解的概率越高。比如会误解领导的指示，"领导怎么会下达这样的指令？！"误解客户的需求，"客户怎么会有这样的特殊需求？！"

破解之道：把"！"变成"？"。

听到不同观点，我们第一反应是"你错了"，其实是在对自己说"你是错的，所以你的话我不要听，你的话对我没有价值"。频道关闭。把"！"变成"？"思考"你为什么这么想？"是在暗示自己的大脑"有一些信息我没有掌握，我很好奇"，"我需要去接收更完整的信息"。这一刻频道重新打开。比如，误解客户的需求，思考为什么客户会有这样的特殊需求？客户的现实情况是怎样的？基于此我可以为客户做些什么满足他的需求？

沟通困境8：听不出别人的弦外之音怎么办？

我们经常讲人际关系中追求圆融之道，话说三分好，点到为止。上级对下级，下级对上级，同级之间，客户对销售等，有些话明说或说透，直接说出来要冒风险，可能被拒绝了，面子上过不去，会弄得彼此尴尬。所以经常有话说一半，剩下的"你懂的"。但是万一我们"真不懂"，听不出对方的弦外之音，也会被变得更尴尬。

破解之道：共享上下文背景，掌握弦外之音的内在逻辑。

彼此共享的上下文背景越多，越容易听懂对方的"弦外之音"。在我们没掌握完整的上下文背景之前，针对他人的弦外之音，我们要理解觉察，而不能直接说破。

1.观察和了解对方的需求和愿望：通过关注对方的表情、语音、语调、肢体动作等，了解对方的情绪感受，推测出在这种情绪感受下他的愿望。

2. 推断对方的意图：问自己一个问题："他向我表达了这种愿望，我要做什么才能满足他的愿望呢？"这个问题的答案，就是他的意图，也就是他最终的弦外之音。

3. 持续补充上下文背景：通过给对方反馈，确认我听到的"弦外之音"是否是对方真实的意图，进而补充上下文背景的信息。每次与对方沟通的过程，都让我们加深互相的了解，都在补充上下文背景的信息，当彼此共享的上下文背景的信息足够多的时候，默契感也就产生了，我们不假思索就可以听出对方的弦外之音。

沟通困境9：领导问"听明白了吗？"你不完全明白又不敢说明白，怎么办？

遇到这种情况，直接说明白了，可能就没有下文了，也许做出的来结果并不是领导所期望的。说不明白吧，显得自己笨，又让领导很尴尬，好像没讲清楚，是个两难问题。

破解之道：把"你明白吗？"翻译成"你打算怎么做？"来回答。

通过"你打算怎么做？"这样一个反馈来验证自己是否听懂，错误就会被避免。因为，当你在想"怎么做"的时候，不仅思考了具体的行动计划，还会意识到自己有可能遇到的困难和障碍、需要领导协调的资源，甚至提出了领导没有考虑到的盲点。

上司交代小白："下午三点客户会来公司谈合约，你记得把相关事情安排一下，明白了吗？"小白心想，这个时候我要是说不知道怎么安排，估计老板会觉得我太无能，我要是直接答应了，这么大的合约我没安排过，我也不清楚领导具体的要求是什么。于是小白按照之前接待客户的经验回复上司："那我先预定好会议室；您将合约相关资料发给我，我提前打印好放在您办公室；另外，客户地址您也一并给我，我来安排车辆接送，不知道还有没有遗漏的部分？"上司略微思考了一下，补充道："毕竟是大客户，准备一些糕点，还有香槟，签约完成后我们同客户一起庆祝一下……"小白的做法很机智地化解了这样的沟通困境。

沟通困境10：遇到既不专业，又说不清楚自己想要什么的沟通对象怎么办？

当我们面对老板、跨部门同事或者客户时，对方因为不在专业范畴内，有时会说不清楚自己想要什么，如客户想装修新房，因为以往也没有相关经验，或缺乏相关专业知识，对具体装修风格要求表达不具体；再比如公司想制作企业宣传画册，对接人对画册风格、版式、内容等要求不是很具体。

破解之道：通过提供"参考方案"，再根据对方的反馈不断调整，来逐步明确对方的需求。

1. 给一个经典案例做参考：面对客户的"需求"模糊，作为乙方的服务机构，可以积极主动提供"参考方案"，协助客户梳理思路，引导对方思考判断，在不断地反馈确认中明确对方需求。

2. 通过执行循环逐步调整：首先，评估对方的接收能力和意愿，通过调整自己的沟通节奏与对方做同频沟通；其次，在沟通中不断尝试不同的沟通策略；最后，通过提问、反馈等手段做沟

第七章
持续改善的精益沟通——沟通是人生的必修课

通效果评估。通过以上沟通努力,逐步形成并巩固共识,达成沟通目的。

比如,上面案例中的企业宣传画册制作,可以多提供同类企业制作方案和成品供企业参考,同时列出须明确的内容框架,请企业客户内部讨论确定,收集并实施改善建议,直至取得方案共识示。如此既引导出了客户需求,又提升了彼此沟通合作效率。

沟通困境 11:专业术语能够简洁,却不够浅显,通俗的话浅显但不够简洁,怎么办?

这个困境的发生主要是因为沟通双方专业背景不同,掌握的信息不一样所导致的,在跨部门沟通、对客沟通中很常见,也会发生在成人和小孩的沟通中。

破解之道:针对对方的背景,打比方、举例子

针对这个困境,评估接收者,参考对方背景,通过打比方,引用对方脑海中已有的概念,向他形容一个不熟悉的概念,有机会大大降低沟通成本,同时让对方觉得很有亲切感。

举个例子,一个十岁的孩子接到一个科普作业:给同学们分享"亚马孙的森蚺",请爸爸协助写演讲稿。他们上网查到一些资料:"森蚺是全世界最长、最重的蟒,成年的森蚺可以长到9米140公斤,它的全身有1万块肌肉(人类只有639块),当它绞杀猎物时,可以产生每平方英寸90磅的压强,是亚马孙雨林的顶端掠食者。"孩子问爸爸"每平方英寸90磅的压强"是个什么概念,爸爸查了查资料,用打比方的方式给他解释,这个概

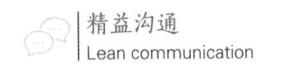

念就相当于一辆大卡车压在一个人身上。这样孩子理解起来就容易多了。

沟通困境12：我已经很努力地避免他人产生误解，但还是被误解，怎么办？

被人误解有两种情况，一种情况是针对表达内容，因为彼此对内容的理解判断不一致，让别人产生了误解。比如，老婆对做IT程序员的老公说："老公，下班买五个苹果回来，如果看到西瓜，就买一个。"老公回家，手里拿着一个苹果回家了，产生误解了。老婆的意思是：买几个苹果，这是一件事；如果有西瓜，就买一个西瓜回来，这是另外一件事。程序员老公的理解是：如果没看见西瓜，就买五个苹果；如果看见有西瓜，就买一个。这样理解其实也没错。还有一种误解的情况是因为表达方在前期的相处或沟通中，不被他人认可，所以在后续的沟通过程中被误解，前一种是对事的误解，这种情况是对人的误解。

破解之道：首先不急着解释，先搞清楚对方是怎么误解我的，关注对方的反应和反馈。

不管是对事还是对人的误解，都不要急着解释，因为也许对方会认为解释就是掩饰，对解除误解不一定有利。而通过倾听，搞清楚为什么会被误解，找出原因，针对性地做出解释，化解误解。比如，前面说到的夫妻沟通误解案例，问题就出在夫妻之间的思维方式不同，程序员老公把"如果看见有西瓜"理解为"就买一个苹果"的前提条件，导致不能领会到老婆的真实意思。如果老婆换成"如果看到西瓜,就再买个西瓜回来",就不会出现上面的状况了。

沟通困境 13:遇到固执的人,说什么他都不听,那该怎么办?

固执的人主要是倾听习惯不好,不管对方说什么,用什么方式沟通,他更多的时候,不是用心倾听,而是时刻准备着陈述自己的观点。不管是工作场合的向上、向下、平行沟通,还是生活中与家人、朋友的沟通,都会碰到这种情景。

破解之道:既然你说他不听,不如你问,让他说。

固执的人是一扇推不开的门,推不开,我们就试着轻轻拉一拉,也许就开了。在沟通中,表达是一种推力,而提问是一种拉力。

比如,在跨部门沟通中,彼此观点不一致,而且你发现对方是个固执的人,不要急于表达自己,让对方说,同时在沟通中多提问,更激发了对方的表达欲望。然后从对方的表达里,寻找彼此共识的部分,予以认可,通过如此"先跟后带"的方式,对方做到了充分的表达,也得到了及时的认可,达成沟通目的就更容易了。

沟通困境 14:对方带着情绪,一不小心就会引发冲突,讲理又讲不通,该怎么办?

人是感情的动物,我们跟对方沟通的时候,彼此都有自己的沟通目的,同时须觉察的是对方当时的情绪状态如何,是正向情绪还是负向情绪，如果碰到对方情绪不好，又必须沟通，怎么办？

破解之道：先安抚对方的情绪，再处理事情。

人在负向情绪的时候，做出的决定大多是不理性的，容易造成恶劣的后果，所以当沟通对象的情绪状态不好时，我们要先处理情绪，再处理事情。那如何安抚对方的情绪，就要用到我们前面讲到的"哄人八法"。

张军到北京出差，下飞机后没有收到中国移动的问候短信，本来是一件小事，正好他要到移动营业厅办理业务，就向服务人员提出这个问题，当时服务人员一愣，毕竟是第一次碰到这种莫名的投诉。接着，服务人员并没有做过多解释，而是直接站起来，对着张军就鞠了一躬，说："先生，对不起，我代表北京移动欢迎您。"张军一看这情景不禁大笑，也没有再为难下去。这位服务人员没有讲道理，而是通过无条件倾听、认错、转移话题、满足需求等方式完成了一次"教科书式的完美沟通"。

沟通困境 15：面对"一哭二闹三上吊"的"碰瓷"行为，施压会扩大矛盾，"哄"又会助长对方的恶习，该如何处置？

在工作和生活中，偶尔会遇到一些"碰瓷"的现象。比如，"碰瓷"的员工，提出不符合组织规定的要求，且以此要挟公司，如不满足要离职。也会碰到"碰瓷"的客户，借着"客户"的角色，提出无理或过分的要求。

破解之道：认真但别当真。

1. 让对方意识到我们已经看破了他的"碰瓷"行为，同时注

第七章
持续改善的精益沟通——沟通是人生的必修课

意不一定要说破,借助事实和舆论力量等,形成强大的威慑力。

2. 原则一旦被破坏,后续的恶劣影响会越来越大,所以在特殊情况下,可以借助规则或法制、行政的力量去解决。

孙强有一次来到超市的客户服务中心,这次他的诉求是申请十倍赔偿,理由是自己购买的微波炉在货架上标价299元,出来结账的时候显示899元,价格相差600元,要求超市十倍赔偿,否则就到工商局告超市价格欺诈。服务人员让家电区伙伴确认过,微波炉确实售价899元,不过孙强也拿出了自己的证据,他拍照的微波炉价签是299元。服务人员请相关管理部门介入予以解决。管理部门通过调取监控发现,孙强在没人注意的情况下偷偷更换了价签。了解情况后,管理部门并没有直接点破,想来孙强应该是个惯犯,不过是今天又换了一家超市讹诈。管理人员告诉孙强,他的情况已经通过调查取证做了了解,如果孙强还要申请十倍赔偿,就请行政机关介入解决吧。孙强一听直接虚了,想想也许自己的小伎俩被识破了,借口上厕所,直接从后门溜走了。所以对于碰瓷的现象,我们本着认真的态度,也要懂得利用法律法规维护自己的原则底线。

共同参与

组织内的沟通，小到一个家庭，大到一家企业、一个国家，很多是建立在长期的人际关系上的。这种长期稳定的结构决定了沟通的改善不是一件容易的事，不是少数人的事，是所有人共同作用的结果。个别人沟通好了，并不足以解决组织的沟通问题。要让组织的沟通变得更精益，需要参与沟通的各方，共同来遵循一些规则，养成良好的习惯。

假如在人多车少不讲秩序的情况下，所有人上车都不排队而是拥挤向前，那么乖乖排队的人可能永远都挤不上车。假如大家都在排队，有人却选择插队，插队的人先上车了，获益了，却发现没有人站出来制止他。很快原先排队的人就感觉到了不公，变得躁动起来，要不了多久，排队的秩序又不复存在了。最终所有人拥挤向前，甚至打得头破血流，让每个人都付出了额外的体力和代价。最初选择插队的人，在下一次乘车的时候会发现，所有人都不排队了，他也只能拥挤向前，最终也成了受害者。

沟通中有哪些类似的现象呢？我们在沟通中要遵循哪些规则呢？为了建立和维护这些规则，我们可以从哪些方面来努力呢？

第七章
持续改善的精益沟通——沟通是人生的必修课

先聊一聊信任。显而易见，在一个长期以人际关系为主的群体里，如果所有人都保持诚信并互相信任，可以有效地降低沟通成本，使得沟通变得更加精益。但是，如果有人利用了别人的信任，通过欺诈他很容易获得暴利，在短期内，他就会获得远多于别人的利益。但是一旦失去信任以后，别人在与他后续的沟通一定会处处设防，沟通成本会大大增加。如果越来越多的人通过欺诈或者利用信息不对称获利，那么人与人之间的协作就会变得非常困难，整个组织的沟通成本就会大大上升。那个首先欺骗别人的人，最终也只能在尔虞我诈的沟通中劳心费神。在一个长期关系的组织当中，任何试图破坏沟通规则，以获得短期利益的沟通行为，自己最终都会成为规则破坏的受害者。

接下来我们来回顾和总结一下，书中提到的沟通规则。

规则一　同频道原则

只有同频道的沟通才是有效的。所以坚持精益沟通的伙伴们沟通时，都互相努力主动进入同一个频道，沟通效率一定会大大提升。

为了做到这一点，除了参与沟通的各方自己约束自己以外还可以采取一些组织措施，如授权一个沟通秩序的维护者——会议主持人。主持人可以在会议沟通中检测与会者的沟通频道差异，并提醒大家进入同频道。

遇到有人不愿意与我们同频道怎么办呢？强制要求他进入我

们的频道，很可能会引起抵触，那就先进入他的频道。在他的频道里，先了解他的想法，认可共同的观点。然后用他熟悉的话题和他对话，沟通过程就会变得愉悦，对方也更容易接受我们的想法和观点。在对方的频道里，更容易向他施加影响力。

规则二　信息完整原则

正确的决策源于正确且完整的信息。掌握了精益沟通的伙伴们在做重要的决策之前，倾向于收集完整的信息。所以决策前主动获取信息，事情发生变化时，主动向相关伙伴提供更新的信息，都有助于在协作中减少误判，降低成本。

但是我们身边总有些人在没有收到完整信息之前就急着下判断。这种先入为主的习惯，很可能让他发生误判，被误导到一条歧路上去。简单粗暴地批评他信息收集得不完整，是不容易被接受的。但是我们可以通过提问引导他的视线，让他看到自己的盲点。一旦他发现，这种善意的提醒真的帮助他避免了一些大麻烦，他就会心怀感激。经常用这样的方式提醒他，甚至有机会改变他的决策习惯——在做决策之前，先思考一下自己的信息是否收集完整了。假以时日，他也会养成先收集完整的信息，再做决策的良好习惯。

规则三 尊重原则

一方面，是尊重对方的话语权，在别人话说完之前不打断对方。这有助于在沟通中形成一种依次发言的秩序。和排队的现象一样，如果在会议中，每个人都无视规则，不尊重其他人的话语权，在别人话还没说完之前打断对方，那么会场很快就会变成一片喧嚣，谁也听不清谁在说什么。

另一方面，更底层的尊重，是尊重人和人之间的差异。每当我们觉得自己是对的，又发现别人和自己不一样的时候，我们就觉得别人错了，甚至很努力地试图去改变对方，好让对方变得和自己一样。这种否定对方试图改变对方的沟通，本质上是在宣布一种优越感。当一方试图改变另一方，而另一方不愿意做出改变时，痛苦的沟通就发生了。你是对的，我和你不一样，我并不一定是错的。尊重对方，是尊重别人和我们的不同。如果做不到这一点，就很容易引发歧视现象。可是当有人总是试图来改变我们，又该如何沟通呢？

试图劝说我们改变的沟通形式，通常是以"建议"的方式发生的。建议很多时候也是出于一种善意。"因为我关心你，所以我希望你变得和我期望的一样。"所以，感谢和认可这种关心，会为有效的沟通开个好头。如果对方执意要让我们做出改变，不妨请教他背后的原因。如果对方说得很有道理，我们也不妨接纳。但是每个人遇到的具体困境都是不同的，他觉得他的做法是对的，但我们的条件真的不允许我们这么做，也可以把事实告诉他。一个真心提建议的人，看清你无奈的现实的时候，通常也就接纳了。

至于纯粹为了宣布心里优越感的所谓的"建议"，他们也不是真心想要你改变，其实就是求赞而已。那就点个赞，然后转入下一个话题吧。

规则四　就低原则

面对外行时，要把话说得通俗、浅显，以对方能听懂的语言进行沟通；遇到对方认知水平较低时，要把沟通的节奏放慢，以便对方能够跟上节奏，接收到信息。影响性沟通的目的不是炫耀自己的高深和渊博，而是帮助对方来理解我们的想法。

另一方面，如果遇到一些专业人士，总是讲得很专业，让我们没有办法理解，不妨通过提问，让对方放慢节奏。当对方的节奏变得更慢的时候，我们也是有机会和他同频道的。

规则五　对事不对人原则

人身攻击是一种冒犯。通常对方不悦的表情，会提醒我们冒犯到他了。我们会立刻停止讨论人，转而就事论事。

但是，当我们遇到不同意见的时候，难免会把某一个观点和人绑定在一起。张三提出的方案，会被说成"张三的方案"。方案有了归属，既有可能带给一个人荣耀，也有可能带给一个人麻烦和挑战。张三的方案被大家采纳，张三就会觉得很有面子；李四的方案，被人反驳，李四就会觉得反驳的人不给面子，甚至是针对自己。"你让我没面子了，我也让你没面子！"

事实上，真理本身不属于任何人。团队需要正确的目标和方法，方案是谁提出的不是最重要的，方案是不是解决问题的最优解才是最重要的。在讨论中如何减少这种观点的归属感带来的麻烦呢？

一方面，为了维持对事不对人的沟通氛围，可以授权会议主持人来监控话题，一旦出现针对人的话题，立刻喊停。

另一方面，在沟通中，可以尽量淡化观点的归属。把"张三的观点""李四的观点"，改为"方案一""方案二"。这样，在对"方案一"提出修改意见的时候，张三就不会听到自己的名字和不恰当的方案绑在一起了。最终形成的方案，很可能既包含了方案一的很多元素，也包含了方案二的很多元素，大家已经不知道是"谁的方案"了，但都知道这是一个能解决问题的好方案。

规则六　求同原则

沟通双方遇到意见不同的时候，人们就会试图说服对方，改变对方的想法，好让自己的想法被认同。事实上双方的意见不同，都不会是100%的不同，会有一些共同点。

精益的共识沟通，第一步就是寻求彼此意见中部分共同的部分。这项工作，也可以由主持人来承担。主持人在仔细倾听了双方的不同意见后，把共同的部分剥离出来，用清晰的表述反馈给双方。如果双方都对这部分表示认可，那么共识沟通的进程，就往前坚实地推进了一步。

在没有主持人的情况下，我们也可以主动和对方求同。先倾听对方的观点，找到双方共同的部分，然后反馈给对方："关于×××的这部分观点，我很认同。"这样一来双方的差距就缩小了。这也让他知道我们是有诚意和他达成共识的。接下来，真正需要我们探讨的，只剩下还没有达成共识的那一小部分的内容了。聚焦核心问题，使得差距减少沟通更精益。我们主动求同的习惯，会让沟通更精益，共识来得更加容易。成功的沟通，会影响到沟通对象。渐渐地，他们也能学会主动求同。

但人群中总有"杠精"，不管你赞同什么他都反对。你提出的意见有可能是深思熟虑的，但是他不假思索地反驳。这很容易把人激怒："凭什么说我的意见不对！"然后在没有结果的争论中浪费大量时间和精力。

其实，遇到"杠精"更有效的方法，是探究他反对的理由，并请他提出一个建设性的方案来。"好吧，你认为这个方案不好在哪里？你认为更好的方案是什么呢？"

事实上，"杠精"也并非一无是处。有时候反对意见背后的原因，也能指向我们思维的盲点。而当"杠精"认真思考一个建设性的方案时，他会发现自己走着走着，就跟我们走在同一条路上了。

第七章
持续改善的精益沟通——沟通是人生的必修课

规则七　灭火原则

人类是情绪易燃体。情绪会以非常快的速度在人群中蔓延。

有人出现情绪化以后,如果不加以干预,情绪就会感染到他身边的人,当越来越多的人变得情绪化,有理性的沟通就进行不下去了。一旦情绪传播开来,每个人都会受到影响,没有人可以完全置身事外。

就好比火灾发生的时候,看着楼下的邻居家起火而幸灾乐祸的行为是愚蠢的,因为火势很快会蔓延到自己家。明智的做法是立刻行动起来,报火警也好,提灭火器也好,协助转移也好,都有助于减少损失。

同样道理,组织沟通中,一旦有人变得情绪化时,身边的人,都有责任来安抚他的情绪。

主持人可以是"职业消防队员",随时关注沟通中的情绪问题,第一时间发现火情来灭火。与会者可以"就近灭火",这里的"近"是指人际关系。发现有人情绪化了,而你平时跟他的关系特别近,在他有情绪的时候你对他的影响力更大,就应该主动上前安抚。

如果你相信这七项规则,请首先用这些规则来约束自己。但当你拿着这七项规则去衡量身边的人,经常会发现,他们中有很多人不懂得这些规则,甚至经常破坏这些规则。尤其是你身边的人,在长期关系中,你渴望改善和他们的沟通。怎么办呢?

有人选择直接指责他们。但这不就是在宣告"关于沟通,我懂得比你多"的优越性吗?

影响他们的方法可以分两步走：

第一，了解并认同七项规则；第二，承诺遵守规则，并接受监督。

在完成第一步之前，一定不要尝试第二步。

那么怎样让对方了解并认同这些沟通规则呢？建议三种方法：

一、把这本书送给他；

二、精益沟通的网课已经上线了，看网课、听网课使学习变得更轻松；

三、如果想要更深刻的体验和感受，与他人充分交流，那就到线下的课堂里来吧。

针对工作、生活中的沟通案例，不妨探讨一下，看看规则是否有助于解决这些问题。随着彼此关于沟通的认知越来越认同，我们就可以尝试建立共同改善的契约了。

例如，"我非常认同'对事不对人'的规则，可以帮助我们有效地降低沟通成本，达成共识也会更容易。但是，有时候我会忍不住为了面子而捍卫我自己的观点，或者是批判别人的观点，当我出现这些行为的时候，好朋友，你能不能够提醒我。"当我们向别人发出这个邀请的时候，其实，就是邀请他共同进入"精益沟通"朋友圈。"好吧，我也有这样的问题，我出现这个问题的时候，你也提醒我哦？"

他可以是你的家人，你的同事，你的生意伙伴。当你身边每个人的沟通都变得越来越精益的时候，你的生命质量在提升，而且他们会感激你！

附　录

答案到底是多少？

你在经营一家男装店。昨天一位游客到店里买了一件价值75元的衣服。该顾客交给店员两张面值50元的人民币。当时店里的现金正好不够找零，于是店员就拿了其中一张50元，到隔壁的茶叶店去换零钱。

今天一早茶叶店的老板娘来找店员说，那张人民币是假币。店员道歉后，立即从收银机拿出50元现金还给那位老板娘，并且取回那张假币。随后发现，那位游客支付的另一张人民币也是假币。

请问：店里的损失总共价值多少钱？

注：

假设损失那件衣服的综合成本就是75元；

假钞不能再次使用；

服装店与茶叶店之间的往来是讲诚信的。

好书是俊杰之士的心血，智读汇为您精选上品好书

习惯陷阱

习惯比天性更顽固，要想登顶成功者殿堂，你必须更强！这是一本打赢习惯改造战争亲历者的笔记实录和探索心语。

赋能领导者

狮虎搏斗，揭示领导力与引导技术之间鲜为人知的秘密。9个关键时刻及大量热门引导工具，助你打造高效团队以达成共同目标。

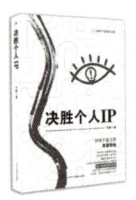

决胜个人IP

这本书系统地教会你如何打造个人IP，其实更是一本自我成长修炼的方法论。

看见自己

本书是带领你找到自己生命的潘多拉宝盒，借由电影《阿凡达》进行深入探索，让你看见自己的潜能，重新激活自己的力量。

7招打造超级销售力

本书作者洞察了销售力的7个方面，详实阐述了各种销售力要素，告诉你如何有效提升销售能力，并实现销售价值。

销售战神

这是普通销售员向优秀销售员蜕变的法宝。书中解密了销售布局，包括销售逻辑、销售规律和销售目标。

利润是设计出来的

企业经营的根本目的是健康可持续的盈利，本书从设计盈利目标等角度探讨利润管理的核心，帮助企业建立系统的利润管理框架体系。

目标引擎

目标引擎，是指制定目标后，由目标本身而引发的驱动力，包括制定目标背后的思考、目标落地与执行追踪。

绩效的力量

本书分力量篇、实战篇、系统篇三部分。以4N绩效多年入企辅导案例为基础而成，对绩效增长具有极高的实战指导意义。

更多好书 >>

智读汇淘宝店　　智读汇微店

让我们一起读书吧，智读汇邀您呈现精彩好笔记

—智读汇一起读书俱乐部读书笔记征稿启事—

亲爱的书友：

感谢您对智读汇及智读汇·名师书苑签约作者的支持和鼓励，很高兴与您在书海中相遇。我们倡导学以致用、知行合一，特别打造一起读书，推出互联网时代学习与成长群。通过从读书到微课分享到线下课程与入企辅导等全方位、立体化的尊贵服务，助您突破阅读、卓越成长！

书 好书是俊杰之士的心血，智读汇为您精选上品好书。

课 首创图书售后服务，关注公众号、加入读者社群即可收听/收看作者精彩微课还有线上读书活动，聆听作者与书友互动分享。

社群 圣贤曰："物以类聚，人以群分。"这是购买、阅读好书的书友专享社群，以书会友，无限可能。

在此，我们诚挚地向您发出邀请：请您将本书的读书笔记发给我们。

同时，如果您还有珍藏的好书，并为之记录读书心得与感悟；如果你在阅读的旅程中也有一份感动与收获；如果你也和我们一样，与书为友、与书为伴……欢迎您和我们一起，为更多书友呈现精彩的读书笔记。

笔记要求：经管、社科或人文类图书原创读书笔记，字数2000字以上。
一起读书进社群、读书笔记投稿微信：15921181308
读书笔记被"智读汇"公众号选用即回馈精美图书1本（包邮）。

智读汇系列精品图书诚征优质书稿

智读汇云学习生态出版中心是以"内容+"为核心理念的教育图书出版和传播平台，与出版社及社会各界强强联手，整合一流的内容资源，多年来在业内享有良好的信誉和口碑。本出版中心是《培训》杂志理事单位，及众多培训机构、讲师平台、商会和行业协会图书出版支持单位。

向致力于为中国企业发展奉献智慧，提供培训与咨询的**培训师、咨询师**，**优秀的创业型企业、企业家和社会各界名流**诚征优质书稿和全媒体出版计划，同时承接讲师课程价值塑造及企业品牌形象的**视频微课、音像光盘、微电影、电视讲座、创业史纪录片、动画宣传**等。

出版咨询：13816981508，15921181308（兼微信）

— 智读汇书苑 097 —
关注回复 097 **试读本** 抢先看

● 更多精彩好课内容请登录 智读汇网：www.zduhui.com